中国支付结算丛书

衍生品信用风险管理：
为最终用户提供的危机后指标

Credit Risk Management for Derivatiues：
Post-Crisis Metrics for End-Users

［意］伊凡·泽伦科（**Ivan Zelenko**）　著

韩延明　杨钟祎　张　燕　译

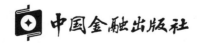 中国金融出版社

责任编辑：黄海清
责任校对：孙　蕊
责任印制：张也男

Translation from the English language edition：
Credit Risk Management for Derivatives：Post-Crisis Metrics for End-Users
by Ivan Zelenko
Copyright © Ivan Zelenko 2017
This editon has been translated and published under license from Springer International
Publishing AG.
All Rights Reserved.
北京版权合同登记图字 01－2018－1440
《衍生品信用风险管理：为最终用户提供的危机后指标》一书中文简体字版专有出
版权属中国金融出版社所有，不得翻印。

图书在版编目（CIP）数据

衍生品信用风险管理：为最终用户提供的危机后指标/（意）伊凡·泽伦
科著；韩延明，杨钟祎，张燕译. —北京：中国金融出版社，2020. 12
（中国支付结算丛书）
ISBN 978－7－5220－0853－0

Ⅰ. ①衍… Ⅱ. ①伊…②韩…③杨…④张… Ⅲ. ①金融衍生产品—
信用—风险管理 Ⅳ. ①F830. 95

中国版本图书馆 CIP 数据核字（2020）第 202385 号

衍生品信用风险管理：为最终用户提供的危机后指标
YANSHENGPIN XINYONG FENGXIAN GUANLI：
WEI ZUIZHONG YONGHU TIGONG DE WEIJI HOU ZHIBIAO

出版
发行　**中国金融出版社**

社址　北京市丰台区益泽路 2 号
市场开发部　（010）66024766，63805472，63439533（传真）
网上书店　http：//www.chinafph.com
　　　　　　（010）66024766，63372837（传真）
读者服务部　（010）66070833，62568380
邮编　100071
经销　新华书店
印刷　保利达印务有限公司
尺寸　169 毫米×239 毫米
印张　8
字数　130 千
版次　2021 年 1 月第 1 版
印次　2021 年 1 月第 1 次印刷
定价　36. 00 元
ISBN 978－7－5220－0853－0
如出现印装错误本社负责调换　联系电话（010）63263947

献给碧姬、亚历山大琳和马克西姆，
致我们一同度过的无与伦比的时光。

序

　　虽然金融衍生品可能在该术语出现之前就已经被广泛使用，但场外市场工具实际上在 20 世纪 80 年代才获得广泛的承认和使用。从那以后，人们看到了衍生工具爆炸性的发展及其各种用途。衍生工具有时是一种有用的工具、复杂的风险管理手段，有时也被视为大规模毁灭性武器，特别是在金融市场危机之后。出现这种情况的原因可能是，尽管已被广泛使用，但它们并不总是被完全理解。

　　在这本清晰易懂的畅销书中，伊凡带来了他在该领域的长期经验和深厚理解，希望加深读者对这些衍生工具的理解。他描述了衍生工具的使用，客观评估了它们在 2008 年国际金融危机中的作用，全面阐述了衍生工具自那时以来的发展，涵盖监管、市场、制度和方法论等方面，并用简洁而严谨的方式描述了它们之间的关系。

　　伊凡表示，尽管衍生品并未直接导致 2008 年国际金融危机，但它们的使用和相关制度安排却可能会在实体和系统层面上放大危机的某些方面。基于这种观点，他深入探讨了监管和制度变革对衍生品市场的影响。他发现这些变化本身可能会产生意想不到的后果，并引入新的风险来源。

　　凭借强大的技术背景，伊凡向读者介绍了衡量衍生品风险的关键概念和方法，包括风险测量、净额结算、担保品、信用价值调整、债务价值调整，此外还包括融资价值调整和资本价值调整的最新方法。在这本书中，他不仅提供了数学公式与推导，而且还清楚地描述了各种测度的目的和对公式的直观解释。他并不回避描述某些新方法的局限性以及对其意义和用途的争议。总的来说，本书既适合关注技术手段的读者，又适合关注应用意义的读者。

　　伊凡结合衍生品的监管特点，特别是 2008 年国际金融危机以来市场的发展，完善了他的技术理论。例如，他解决了与市场流动性和借贷成本相关的问题，介绍了 Libor 及其替代品等基准无风险利率产品的发展，介绍了 CCP 的发展以及初始保证金和变动保证金的影响。

本书对各种受众都很有用。技术专家将找到全面的回顾和总结，对他们而言，本书将是有用的参考。对于那些认为需要更好地理解衍生工具的风险测度和用途的读者来说，本书将提供一种有效的方法使之熟悉衍生工具的风险指标和市场实践。即使对那些不太熟悉市场和衍生品的人来说，本书也是适用的，因为它写得非常清晰明了。非技术读者可以跳过一些数学推导，仅吸收关键点和核心方法。最后，对于那些高级管理层或负责风险的董事会成员，本书将向他们介绍衍生品市场的最新进展，并使他们能够在履行职责时作出前沿的思考。对于衍生品知识体系而言，这是一个有价值的贡献。

Lakshmi Shyam-Sunder

世界银行首席风险官，副行长

世界银行，**1818 H Street，NW，**华盛顿特区

致　　谢

对于能够在世界银行副主席、首席风险官 Lakshmi Shyam-Sunder 和世界银行集团总经理、财务总监 Joaquim Levy 的指导下在世界银行工作，我感到非常荣幸。我非常感谢目前由世界银行副行长、财务主管 Arunma Oteh 领导的财政部，以及世界银行法律财务团队，在过去的 12 年中给了我难忘的进入衍生品市场的机会、很棒的同事和深刻的交流。我还要感谢本行历任首席风险官、副主席，感谢他们坚持不懈地努力控制市场和交易对手的风险。我要向 Blue Orange Capital 首席执行官、世界银行集团前总经理兼首席财务官 Bertrand Badré 表示最诚挚的感谢。我要感谢 Afsaneh Mashayekhi，Beschloss，Graeme Wheeler，Madelyn Antoncic 和 Kenneth Lay，他们在 2000—2015 年担任世界银行财务主管。

目　　录

图目录

再论担保品的作用

信用与负债价值调整：CVA 和 DVA

扩展估值指标：FVA 和 KVA

表目录

重建衍生品市场：2008 年以后的目标

摘　要：这一章回顾了 2008 年国际金融危机中那些毁灭性的力量。以场外（OTC）衍生品市场的不透明性和复杂性为首的这些力量集中起来，极大程度地放大了过度放贷和过度杠杆的影响力，导致全球金融体系崩溃，并引发了 1929 年以来最严重的经济危机。通过 G20 峰会以及美国和欧盟的一些重大改革，世界各国领导人为一个新的市场框架奠定了基础。该框架的目标是降低风险、稳定并使衍生品市场透明。七年①过去了，这一议程的大部分得到了落实。

关键词：巴塞尔协议Ⅲ　信用风险　危机　衍生品市场　多德—弗兰克法案　EMIR　金融稳定　杠杆　流动性　场外交易　监管　证券化　影子银行　互换　系统性风险

1　大规模杀伤性武器——金融衍生品

1.1　自 1929 年以来最严重的危机

在严重程度、影响深度、持续时间（见图 1、图 2）方面可以和 2007—2008 年金融危机相比的只有 1929 年的金融危机。在 2016 年，金融危机开始 9 年之后，危机的余波依然影响着全球经济。全球金融系统已经大体稳定，当欧洲央行和日本央行仍然保持负利率和量化宽松的时候，美联储正逐渐且谨慎地改变其高度宽容的货币政策立场。在大多数西方国家，2009 年经济衰退余波中税收的下降和政府为拯救并稳定银行系统作出的紧急支出，导致公共债务水平创下了历史新高。让增长和通胀回归到"正常"水平仍然是当下的焦点。

由于低利率、量化宽松、强力的监管趋紧等非常规措施的实施，以及这些非常规措施的逐步取消，金融衍生品市场仍然有一些"洼地"没有恢复到它们"正常"的均衡状态。

---

① 这里的七年是指作者写书的时间。译者注。

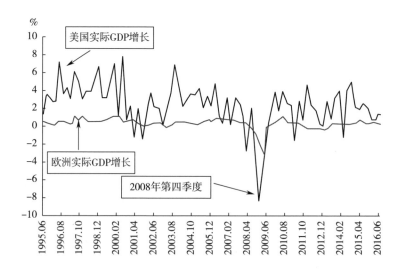

图1   美国和欧洲实际经济增长值季度数据（1995.06—2016.06）

（资料来源：Bloomberg）

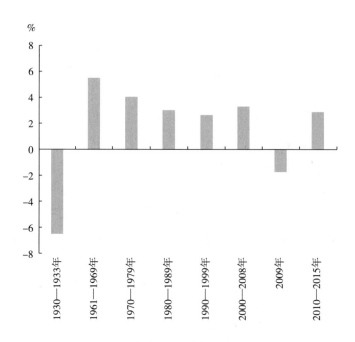

图2   全球 GDP 增长年度数据

（资料来源：世界银行自 1961 年以来的年度数据；摩根大通）

比如，通常情况下应该接近 0 的货币基差互换利差，在 2007 年非美国银行对美元流动性出现迫切需求的时候，被扩大到了不正常的水平，到目前为止也没有回归到均衡水平（比如，一年期的伦敦同业拆借利率—欧元区同业拆借利率基础互换利差，见图 3）。在 2016 年 10 月，美元—日元同业拆借基差互换利差在 60 个基点的区间，美元—欧元同业拆借基差互换利差大约在 40 个基点。

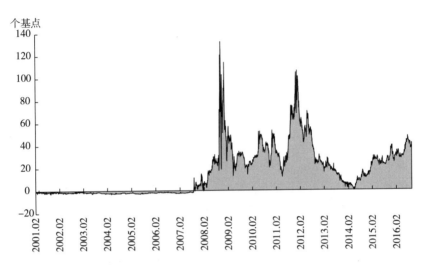

图 3 美元—欧元同业拆借利率 1 年期基础互换利差

（资料来源：Bloomberg 日数据）

2008 年国际金融危机如此严重和持久的一个主要原因是银行猛烈、大范围、破坏性的亏损。如果银行系统受到严重冲击，金融危机就会产生长时间的影响，因为经济活动中融资受到了削弱，因此，根植于银行体系的金融危机通常比根植于股市或者汇率的金融危机对经济有更不利的影响。[1] 尽管全球金融系统赋予了资本市场显著的角色，但其仍然严重依赖银行，无论是贷款人、经纪人，还是做市商。与此同时，过去 30 年来，银行领域集中程度的提高看起来不可避免地构成了结构性的演变。然而，少数在全球都开展业务的全球性银行的机构，它们的危机正在成为"系统性"的，或者说"大而不能倒"已经成为这个系统最核心的脆弱点。这些银行和"系统重要性银行"（SIFIs）已经成为经济管理当局目前的顾虑。

2007—2008 年金融危机在政府的反应程度和范围上同样可以与 1929 年金融危机相比较：2009 年 G20 匹兹堡（Pittsburgh）会议上被提出的、正在实施的再规制（见 1.3 节）。

1.2　原因：高杠杆中新的金融衍生工具的力量

金融危机倾向于遵循由经济学家 Hyman Minsky 在 1975 年阐述的一条普遍路径——最开始的时候，创新或者新的商业模式出现，孕育了活跃和繁荣的市场；这个新的市场接着吸引了很多投资人，同时经历强劲的增长；然而在第二个阶段，市场的吸引力导致了过度地承受风险、过度地寻求回报；在下一个阶段，新的投资已经不再产生效益，但是这个事实却并没有立刻被市场参与者所知晓，投资仍然有增无减；最终，这种无效性显示出来，可怕的卖空出现，所有投资者都尝试在遭受重大亏损的时候同时退出。

2000 年左右创造的商业模型有时可以被归为创立和证券化，就是对很多不同借款人授予贷款，集中大量贷款以实现从分散化中受益，然后用这个资产池建立一个全新的金融实体（特殊目的实体，SPV），这个实体可以基于资产池发行不同评级和信用风险的票据（结构性票据）。由于监管宽松，这些特殊目的实体发挥着传统银行的作用，但处于资产负债表和银行监管框架之外，它们是影子银行的重要组成部分。正如 Minsky 所述，影子银行处于通往过量的致命道路上——大量贷款证券化，越来越快，越来越不谨慎，严重偏离了有效的界限。其中风险程度最高的产品为次级贷款或者次级贷款支持的结构性票据。

这种无效性最终在 2007 年 8 月某基金声称自己因为"流动性蒸发"而无法保证赎回时显现出来。这次，投资者面对的是完全消失的流动性，而不是大量的卖空和价格下跌，这是贷款证券化市场的全面瘫痪：已经没有交易对手愿意购买证券化贷款。这种瘫痪不仅来自市场恐慌，也来自这些金融产品的复杂性和不透明性。

当证券化贷款市场瘫痪，投资者求救于卖给他们这些金融产品的银行。这些银行为了客户关系，被迫回购这些产品，并开始对证券化贷款重新中介，更糟糕的是银行对风险也进行了重新中介。瞬间，由证券化产品带来的恐慌、不透明性、复杂性导致了银行界借贷市场流动性的枯竭——每一家银行的信用可靠性被重新审视。尽管中央银行提供了紧急流动性，但大量的大型做市商银行似乎仍然无力偿付债务。

这个时候，银行开始考虑它们是否有能力为自己提供足够的资金，又一个脆弱点浮出水面：多年过量杠杆的后果。为了最大化利润，银行利用其他银行或基金经理，通过担保借款（回购）或无担保借款（商业票据或者基于 Libor 的非证券化银行间拆借）为短期批发融资提供资金。在银行陷入信任危机之后，银行挤兑以一种新的形式接踵而至：银行眼睁睁看着投资者对所有融资工具避之不及，无论是回购还是银行间拆借。一些经历严重挤兑的银行不得不被其他银行或者政府接手。

它们当中的一个——雷曼兄弟，因为缺少救援，在 2008 年 9 月 15 日破产。雷曼兄弟在金融市场中的系统性作用促使危机向更深层次发展。特别要指出的是，雷曼兄弟是场外衍生品市场的主要交易商。由于场外衍生品的双边、特异、创新性特征，雷曼兄弟的所有头寸及其所提供或收到的担保品的平仓，以及雷曼兄弟的再抵押，都在全球金融市场中创造了前所未有的混乱局面（见图 4）。

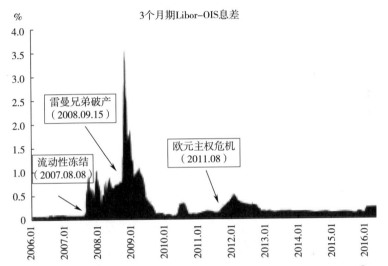

图 4　2007—2008 年危机期间的关键事件及其对 3 个月期 Libor-OIS 息差①的影响

（资料来源：Bloomberg 日数据）

1.3　肇事者：不透明性、复杂性和衍生品

2007 年，场外衍生品成为金融衍生品的主角。最新的重大创新——信用金融衍生品，在金融危机中扮演了重要角色。信用金融衍生品在多数情况下由信用违约互换（CDS）和贷款抵押证券/债务抵押证券（CLOs/CDOs）组成，这些都是结构化的证券产品，这些产品引起和促进了对过量收益的追求。

说它们在金融危机中扮演了重要角色并不意味着它们本身就是导致危机的原因。2008 年，在美国众议院出庭作证时，经济学家 Darrell Duffie 声称："我们可以很自然地认为，信用金融衍生品是使投资者能够将亏损转移给他人的产品，而不是导致亏损的原因。"[2]

---

①　译者注：Libor-OIS 息差主要反映全球银行体系的信贷压力，息差扩大被视为银行间拆借意愿下降。

场外衍生品仍然存在特定的危险，这种危险广泛来源于它们的场外交易性、双边性、私人性，以及由此带来的不透明性。这种不透明性有两点有害的后果：

• 对市场参与者而言，准确地估量参与者［特别是系统重要性金融机构（SIFIs）］和整个市场对特定产品的风险敞口是不可能的，对监管机构来说做到这一点更不可能。2007 年之前累积的主要风险是美国房地产市场的风险，但鉴于大多数风险暴露都位于场外衍生品中且在影子银行领域，它们无法被估量。

• 在破产之时，尤其当破产的实体是系统重要性银行时，对所有双边仓位及其涉及的以场外衍生品形式签署的担保品的平仓作出计划是极其困难的。这是由每个仓位的特异性所决定的。此外，没有一个中央交易对手可以中心化这个平仓过程，这样的双边性特征也加大了这一难度。

因此，2009 年在匹兹堡举行的 G20 会议提出的强化国际金融监管体系，将改进场外衍生品市场作为对金融市场改革的四个优先项之一。其中一个重要项目就聚焦于中心化清算[3]：

专栏 1　2009 年 9 月 24—25 日 G20 会议最终声明：改进场外衍生品市场

适当的时候，所有标准化的场外衍生工具合约应在交易所或电子交易平台上交易，并最迟于 2012 年底通过中央清算对手进行清算。场外衍生品合约应报告给交易仓库。非集中清算合同应符合更高的资本要求。我们要求金融稳定委员会（FSB）及其相关成员定期评估实施情况，以及是否足以提高衍生品市场的透明度，降低系统性风险并防止市场滥用。

接下来的部分，我们将第一次评估我们尝试重新控制全球金融市场的努力，以及 G20 匹兹堡会议 7 年之后哪些措施已经落实；然后我们会对这些措施短期内可观察、可分析的效果进行研究。

2　重新掌控

2.1　2008 年后的监管议程

G20 匹兹堡会议之后，全球金融领域最高水平的规则制定实例在于将 G20

推荐列表转化为具体的可执行的规则。

2010 年 7 月，美国《多德—弗兰克法案》（*Dodd-Frank Act*）（即《华尔街改革和消费者保护法案》）签署；2010 年 12 月，巴塞尔银行监管委员会（BCBS）发布了《巴塞尔协议Ⅲ》框架；欧盟委员会在 2009 年 9 月采纳相关议案强化金融监管之后，又在 2010 年 4 月正式启动对核心条款《金融工具市场法规》（MiFID）修改的磋商；2012 年 7 月，欧盟委员会正式通过了《欧洲市场基础设施监管条例》（EMIR），该规定主要针对场外衍生品，同时要求使用中央对手方（CCPs）；MiFID Ⅱ则在 2014 年 7 月实施。

《多德—弗兰克法案》包含了大量针对场外衍生品的部分：对所有标准化互换强制使用 CCPs，强制向交易数据库（TRs）报备（这些要求也被写入了 E-MIR）；对未清算互换（没有通过 CCPs 清算的互换）的强制保证金规则以及显著收紧现有的担保业务①（详见："再论担保品的作用"章）；其他类似的规则在 2016 年 10 月被欧盟监管机构最终确定；《多德—弗兰克法案》同时强制要求互换交易在适当的时候必须在交易所或者互换执行机构（Swap Execution Facilities，SEFs）进行。

《多德—弗兰克法案》同时涉及金融危机的一些关键领域：沃尔克规则（Volcker Rule）尝试严格割裂银行作为纯粹的市场媒介所执行的活动与银行的自营交易；资本金和流动性要求在《多德—弗兰克法案》中被收紧，同样被收紧的还有杠杆和短期借款限制。系统重要性金融机构被要求提交危机预案（resolution plans/living wills）。对对冲基金和证券化载体（影子银行）的监管被加强。此外，建立了一个规范银行高管薪酬的框架。

《巴塞尔协议Ⅲ》强化了《巴塞尔协议Ⅱ》中对监管资本的要求，同时设立了三个新的指标，与资本充足率共同构成银行稳定的新基石，用于强化银行的流动性和防范过量的杠杆。[4]《巴塞尔协议Ⅲ》设立了新的工具用于"减少顺周期性"，包括：前瞻性的拨备（基于未来预期亏损）、资本缓冲，以及由监管方自行决定的作为宏观审慎工具的附加资本要求，以避免信用贷款超出合理水平。此外，为了应对系统性风险。《巴塞尔协议Ⅲ》对系统重要性金融机构提出了额外的资本金要求。《巴塞尔协议Ⅲ》同时对衍生品提出了新的资本金要求，包括针对未清算场外衍生品的资本金要求（这是建立 CCPs 的动机），针对错向风险的资本金要求，针对资本价值调整（CVA）波动收益的资本金要求。

---

① 译者注：最终版的规则于 2016 年 9 月在美国发布。

G20 匹兹堡会议的总体精神是极大程度强化全球金融系统，增强其韧性和透明性，在增强监管力量的同时保证一个运作良好、开放、融合的市场带来的有效性。美国财政部发言人 Steve Mnuchin 希望依据特朗普总统 2017 年 2 月 3 日签署的行政命令移除《多德—弗兰克法案》中禁止银行放贷的部分内容。由于改革才刚起步，这些潜在改革的全面影响还无法分析。目前看来，对衍生品市场重构的核心部分需要保留。

2.2　执行：G20 匹兹堡会议 7 年之后

让我们聚焦 2008 年以后监管日程的执行情况。在 2015 年 10 月向 G20 提交的《关于 G20 金融监管改革执行情况和影响的报告》中，FSB 总结了围绕四个主题的改革日程（见表 1）。

表 1　　　　　　2008 年后监管的主题——FSB 高层实施报告

主题	核心议题	FSB 2015 年实施报告
强化金融机构	《巴塞尔协议Ⅲ》议程 更大的资本金需求 新的流动性和杠杆比率 赔偿监管框架	《巴塞尔协议Ⅲ》资本和流动性标准的实施通常是及时的，并与大多数司法管辖区的巴塞尔框架保持一致。银行仍在按计划实现这些标准。几乎所有国家都采用了赔偿监管框架
终止系统重要性金融机构"大而不能倒"	更多的资本与流动性需求 更密集的监管 有效的解决方案制度	政策框架的实施：包括更高的损失吸收能力、更强化的监管和有效解决方案的关键属性。这一政策框架促进了全球系统重要性银行的发展，但是在实施有效的解决方案方面仍有大量工作要做
使衍生品市场更透明、更安全	场外衍生品市场改革 中央对手方（CCP） 保证金规则 交易数据库（TRs）	尽管落后于计划，场外衍生品改革的实施正在进行中。最大的衍生品市场的进展最为迅速。交易数据库和中央对手方清算越来越多地被使用
将影子银行转变为具有弹性的市场融资	轻度监管实体的框架 对冲基金与货币市场基金 证券化市场	这一领域直到最近才最终确定了一些政策（例如货币市场基金、证券化的风险调整），因此实施通常处于早期阶段

- 依照新的《巴塞尔协议Ⅲ》规定强化金融机构（FIs）：强化资本金要求，调整流动性和杠杆比率。
- 结束"大而不能倒"：对系统重要性金融机构施以更高的要求，建立有

序的预案体系以避免内部纾困（bail - in）诱惑以及雷曼式的系统性冲击。

- 使衍生品市场更安全，强化结构（CCPs、保证金规则）和透明度（TRs）。
- 建立针对影子银行体系的监管框架。

FSB 报告同时明确了在更高层面值得继续关注的领域：

- 新兴市场（EMs）的落实情况以及 2008 年以后新兴市场规则变化带来的冲击，尤其是全球性金融机构在各国管辖范围内对新框架的落实情况。
- 执行改革议程的官方部门资源有限。
- 保持开放、整体市场的必要：FSB、国际金融机构（IFIs）以及监管机构密切监控国际金融活动中缩减开支的风险，同时这些机构需要维护开放的市场。
- 针对市场流动性的担忧，这些担忧由市场银行提出，同时 FSB 在相关领域获得了各种证据。此外，FBS 持续对"市场流动性变化的原因以及对金融稳定性造成的影响"进行分析。

此外，FSB 寻求 G20 领导人的支持以克服在落实行动中遇到的如下挑战：

√ 移除将场外衍生品上报至交易数据库的法律障碍，并将结果开放给监管机构；

√ 促进合作以解决跨境衍生品交易中的重复监管（duplication of requirements）；

√ 运用法律力量使国外的危机处理行动变得有效；

√ 保证监管机构有足够的资源。

总之，《巴塞尔协议Ⅲ》对更严资本金要求，新的流动性、融资、杠杆比率的实施正在稳步推进；尽管危机预案体系仅仅是在地方范围内实施，但管理系统重要性金融机构的系统性风险工作已经取得进展。另外，对影子银行监管框架的定义还处于早期阶段。

至于场外衍生品，又是另一番景象。CCPs 已经被运用到场外衍生品交易的关键部分。保证金要求已于 2016 年在美国实施，在欧洲相关情况的落实已经到了最后一步。但是就 CCP 覆盖领域的程度和交易数据库所追求的提高透明度的日程而言，挑战仍然存在。同时，互换交易所或者互换执行设施依然是遥远的目标。

2.3 影响：控制衍生品的信用风险

为场外衍生品市场设计和实施新的有效的规则的同时保护其灵活性和创造

力，起初看起来似乎是政策制定者们不可完成的任务。2017 年 6 月，回溯已经取得的成绩和已经获得的实际利益，我们可以说这是巨大的成就，是稳定衍生品市场和全球金融体系重要的一步。

大部分场外交易的利率互换以及远期利率协议是衍生品市场中最为标准化且使用最为广泛的产品，CCP 已经被应用于其中。2016 年 6 月，80% 的场外利率互换和 90% 的场外远期利率协议都由 CCP 清算。截至 2016 年 6 月底（见表 2），这两种场外衍生品占据所有场外衍生品中 74% 的份额。其结果就是，62% 的场外衍生品由 CCP 清算。

表 2　　　　　　　场外衍生品名义金额总量与总市值的演变　　　单位：万亿美元

| | 全球场外衍生品市场 | | | | 清算 |
| | 名义金额总量 | | 总市值 | | 用 CCPs 模式 |
	2010 年 6 月底	2016 年 6 月底	2010 年 6 月底	2016 年 6 月底	2016 年 6 月底
总量	582.7	544.1	24.7	20.7	62%
利率合约	478.1	437.8	18.5	16.0	75%
远期利率协议	60.0	74.7	0.2	0.4	91%
利率互换	367.5	327.4	16.7	14.2	80%
期权	50.5	35.4	1.6	1.4	0%
外汇交易	63.0	85.7	3.2	3.6	<2%
远期和互换	31.9	46.9	1.3	1.7	
现金互换	18.9	25.9	1.4	1.6	
期权	12.1	12.9	0.5	0.3	
信用衍生品	31.4	12.0	1.7	0.4	37%
信用违约互换	31.1	11.9			
其他	0.3	0.1	1.7	0.4	37%
股票关联合约	6.9	6.8	0.8	0.5	<2%
商品合约	3.3	1.8	0.5	0.3	
总信用暴露			3.6	3.7	

注：数据截至 2016 年 6 月底。

资料来源：BIS 场外衍生品统计数据。

如此大比例的 CCP 所带来的好处是显而易见的。当使用 CCP 的时候，互换交易者可以免于承担他们的交易对手违约的风险。由于互换交易商实际上是所有交易的对手方，金融系统可以免遭一个交易银行违约所导致的风险蔓延。最后，因为主要的交易都通过 CCP 交易，金融系统的透明性也得到了提升。

金融危机后的监管已经对场外衍生品交易和交易银行的信用风险管理产生了深远影响。曾被认为是不可避免的金融衍生品总量和信用风险的上升得到了扭转。

场外衍生品名义金额总量，这个广为人知的 BIS 标志性统计指标，这个曾经指数级增长到数千亿美元的指标，在 2013 年到达 7 110 亿美元的峰值，到 2015 年底（见图 5）已经降至 4 930 亿美元。新的资本金、流动性和保证金要求赋予了交易商强烈的动机减少他们的互换账簿。两个有交易的交易商可以抵扣掉大量仓位，按最后净值交易，这样大大减少了衍生品交易数量。这种操作被称为交易压缩（trade compression）。服务提供商，如 TriOptima，也参与并协助这个过程。这些服务商通过算法处理交易账簿并同时提供给交易双方，这样可以在不改变仓位和市值的情况下减少他们各自的账簿。

总市值按市值计量的头寸衡量交易对手方信用风险，在实施双边净交易协议和抵押之前，在 2010 年 6 月至 2016 年 6 月（从 247 亿美元降至 207 亿美元，见表 2）一直处于下降趋势。总信用风险敞口这个反映双边净交易协议影响的指标，保持平稳水平，从 36 亿美元小额增长到 37 亿美元。

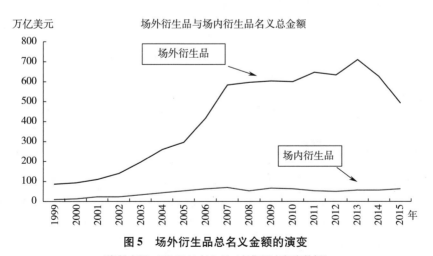

图 5　场外衍生品总名义金额的演变

（资料来源：BIS 2016 年 9 月三年期调查年度数据）

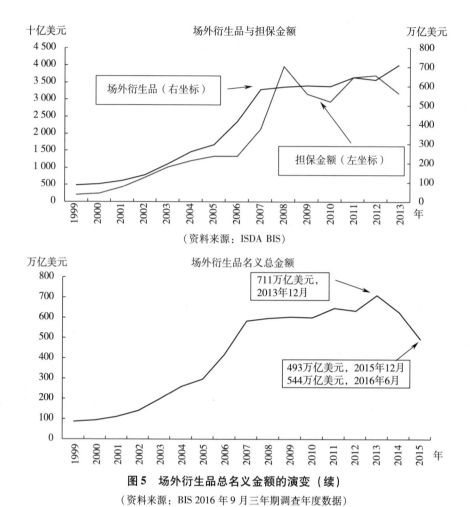

（资料来源：ISDA BIS）

图5　场外衍生品总名义金额的演变（续）

（资料来源：BIS 2016 年 9 月三年期调查年度数据）

3　至今仍不完全的重塑

3.1　新框架的局限性

匹兹堡议程的明确目标是解决场外衍生品市场的复杂性和不透明性。

第一，优先采用 CCP 集中清算，并鼓励加强未清算衍生品的保证金规则；第二，必须集中交易数据库（TR）的交易信息。第三，尽可能通过互换合约执行机构（SEF）进行集中交易。

目前，CCP 已成为衍生品市场的重要焦点。在 2.3 节，我们已看到有多少场外衍生品交易被 CCP 所涵盖，其中包括像伦敦清算所（LCH. Clearnet）和芝加哥商品交易所（CME）这样的成熟公司，这两家公司目前竞争大部分的清算业务。[5]

TR 还能够扩展其数据收集范围。在 2015 年 11 月的报告[6]中，FSB 在全球范围内列出了 27 个类似 TR 的机构，包括存款信托与清算公司（DTCC）、洲际交易所（ICE）、芝加哥商品交易所和 Unavista。

然而，虽然 TR 可以获得场外衍生品交易的大部分交易后数据信息，但金融系统（包括监管机构、分析师或经济学家）似乎无法提取这些广泛信息的全部价值。从而，在这一点上，可以说衍生品市场的复杂性相较于收集交易数据的全面性，是一个更大的挑战，从而使得完全透明遥不可及。在欧洲中央银行（ECB）[7]发表的 2016 年 6 月报告中，经济学家 Darrell Duffie 对缺乏相关框架来分析 TR 收集的交易，从而无法运用这些数据，从优先考虑系统性风险的角度赋予它们意义，表示了遗憾。

此外，除了认知和分析方面的挑战之外，FSB 报告还指出了有效报告的制度性障碍：（1）跨越多个司法管辖区的外汇交易数据传播；（2）完全访问数据的法律障碍。

这种制度性障碍的一个例子是美国财政部在 2012 年 11 月给予外汇互换和外汇远期的地位，免除强制清算和保证金要求。[8]

新法规涵盖的领域也受到市场参与者性质的限制。例如，在《多德—弗兰克法案》的指导下：

——"互换交易商"（SD）和"主要互换参与者"（MSP）受强制性中央清算和保证金规则的约束（具有初始和变动保证金，参见"再论担保品的作用"章）。

——非金融用户可获豁免："最终规则将确定 SD 和 MSP 的初始和变动保证金要求，但要求 SD 和 MSP 不从非金融终端用户收取保证金。"[9]

最后，衍生品交易并未以有意义的方式进入交易平台或互换执行设施（Swap Execution Facilities，SEFs）。如果使用 CCP 所涵盖的范围作为 2008 年后新规定所涵盖范围的简化指标（见图 6），则会发现大约 40% 的场外衍生品交易仍然不在 CCP 涵盖的范围内。

3.2 意外的后果

我们必须以整体的视角审视 2008 年后的监管，它们是为支持世界经济顺利度过艰难时刻而采取的一系列特殊政府行动。无论是否具有决定性，针对衍生品的监管措施都不能脱离整个金融系统的监管方案，也不能忽略货币政策的主导作用，还要考虑长期低利率与流动性的充裕。

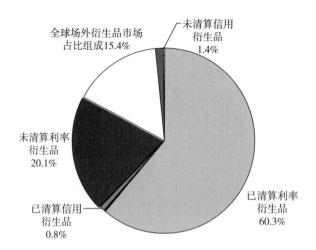

图 6　全球场外衍生品市场的组成和 CCP 模式清算与未清算百分比

（资料来源：BIS 2016 年 6 月底场外衍生品统计数据）

经历了非常严重的冲击后，全球金融体系必须经过严格而全面的修复。这种激进的修复过程存在一个权衡：必须优先考虑经济体系的复原，即使修复过程会带来许多不良后果。只有当修复措施的效应能持续存在时，才能认为修复是成功的。

2008 年后，这种权衡可以表达为：优先恢复更强大、资本更健康、杠杆率更低的银行的功能，即使这是以降低市场流动性为代价的。权衡取舍的核心是给予作为全球金融神经的经销商银行强大的激励，以提高其财务实力。国际清算银行在 2016 年 6 月发出了如下声明：

一些特大型债券价格走势指向市场流动性的变化，但较低的杠杆率应该会在压力下支撑更强劲的流动性。与此同时，低收益率的持续存在可能通过多种渠道在长期内加剧金融体系的问题。持续的市场异常进一步蔓延，例如扩大货币互换基差和负利率互换利差。这些异常情况部分反映了市场特定的供需失衡，有时也会受到央行行动的影响。大型交易机构的消极行为也是造成这些异象的原因之一。

2008 年后的监管必须建立在对市场风险、流动性风险以及杠杆风险进行准确且恰当的解读的基础之上，通过对资本和监管费用的调整来避免新的危机。

在场外衍生品市场通过中央清算和保证金政策进行重组的同时，国际金融监管加强了对被认为不足的资本的要求。除此之外，为了衡量流动性风险和融资状况，引入了两个比率：流动性覆盖率（LCR）和净稳定资金比率（NSFR）（再加上原有的基本杠杆比率）。巴塞尔委员会还启动了交易账簿的基本审查，以加强交易活动的监管资本制度。

由于做市商银行发现它们的交易成本增加，特别是确保严格遵守新规则的成本，因此它们中的一些人选择大幅减少做市和交易活动。其中一些，如瑞银，决定退出做市业务线，重新关注财富管理。一个后果是做市商较少，市场流动性较低，套利不那么严格，从而产生了一些自 2015 年第四季度以来常常见到的异象，例如，负的美元互换利差等（见图 7）。随着二级市场流动性的减少，另一个直接后果是，由于交易商活跃程度较低，少数银行的交易对手信用风险集中度较高（对于在 CCP 以外清算的交易）。此外，对一小部分通过 CCP 进行集中清算的交易也有影响（见 3.3 节）。

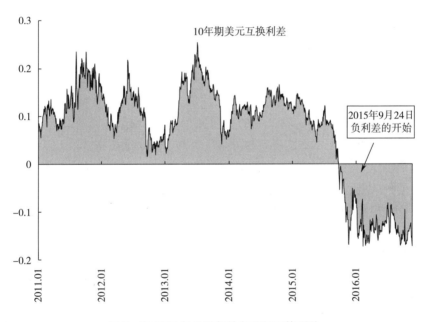

图7　自 2015 年 9 月起的负美元互换利差

一般而言，做市商银行不太愿意持有债券。这意味着，出售美国国债的亚洲中央银行可能对美国政府利率水平产生直接而强烈的影响，正如 2015 年秋季那样，美国国债的利率高于互换利率。

新杠杆率的影响已被广泛研究。无论资产的风险如何，新的杠杆率都会为资本与资产的比率设定一个最低水平。这个最低标准在美国设定为 5%，在欧盟设定为 3%，它对回购市场产生了强烈影响。回购市场是提供短期流动性的主要市场之一。通常情况下，经销商银行会通过回购为实体提供流动性，而其本身会通过另一个回购来源获得流动性，同时保留保证金。然而，新杠杆率增加了持有国债作为担保品的成本，因此经销商银行对回购的兴趣减少。在 2015 年第四季度，3 个月期的回购利率（美国政府债券证券化的短期贷款利率）高于 3 个月期的 Libor。

3.3 新的系统性威胁

62% 的场外衍生品和 80% 的场外利率互换（见 2.3 节）通过 CCPs 进行集中清算是 2008 年后改革的主要成就。

现有清算所之间市场份额的竞争产生了两个主要的 CCPs——LCH 和 CME。这两个 CCPs 获取了几乎所有集中清算的场外衍生品交易。2015 年 12 月，英国《金融时报》报道称，Clarus FT 公司估计 CME 的市场份额为 30%，LCH. Clearnet 占据了剩余 70% 中的大部分。

从经济效率的角度来看，这是一个非常有利的结果：大型 CCPs 交易对手可以充分利用各种头寸的净交易收益，更有可能实现对 CCP 交易对手的主要风险的自然对冲：在 CCP 交易对手违约之后，其逐日盯市余额发生巨大变化的风险远远高于 CCP 交易对手持有的担保品的价值。目前，学术界倾向于赞同经济学家 Darrell Duffie 和 Zhu 在 2011 年的一篇文章[10]中的观点：场外衍生品市场中的交易对手信用风险因 CCP 交易对手的多样性而加剧，通过将多个 CCPs 交易对手的清算活动合并为一个，交易对手风险会降低。

目前的问题在于，CCPs 成为系统性风险的新来源，它已经发展成为与系统重要性金融机构相当的"大而不能倒"的实体。更糟糕的是，目前没有针对 CCPs 的监管框架。

宏观审慎当局决定使用已部署完成的工具来管理系统重要性金融机构的系统性风险：首先是预防破产的压力测试框架；其次是一个减轻破产造成的影响的解决方案框架。

2015 年 4 月，金融稳定委员会（FSB）、巴塞尔银行监管委员会、支付与基础设施委员会（CPMI）和国际证券委员会组织（IOSCO）致力于制订联合工作计划以加强 CCPs 的冲击弹性、复原能力和解决问题的能力。工作计划的关键要素包括：

—通过压力测试评估弹性和损失吸收能力；

—审查恢复机制，包括损失分配工具；

—审查决议制度和决议规划安排；

—分析 CCPs 和清算会员银行之间的相互联系，分析风险传染渠道。

欧洲证券市场管理局（ESMA）公布了 2016 年 4 月第一次年度 CCP 压力测试的结果，并评估了欧盟的 CCPs 表现出的弹性。

关于如何最好地加强 CCPs 并避免它们成为"大而不能倒"风险的新来源的政策讨论应该在未来几年继续。

注释

1. IMF，《世界经济展望》，金融压力，经济衰退和恢复，执行摘要，2008 年 10 月（IMF 2008）。

2. 2008 年 7 月 9 日，美国参议院银行、住房和城市事务委员会 Christopher J. Dodd 主持：关于"降低场外交易信用衍生品市场的风险和加强监督"的听证会，参议员 Crapo 向金融学院院长杰出金融教授 Darrell Dufie 博士的一个提问（Duffie and Hu 2008）。

3. 作为参考，匹兹堡 20 国集团会议提出的其他首要任务：（i）建立高质量资本（用于银行），减弱经济顺周期性；（ii）改革薪酬制度，支持金融稳定；（iii）在 2010 年底前制订跨境破产清算方案，解决具有系统重要性金融机构的有关问题。

4. 流动性覆盖率（Liquidity Coverage Ratio，LCR）；净稳定资金比率（Net Stable Funding Ratio，NSFR）；杠杆比率（Leverage Ratio）。

5. 在 2016 年下半年撰写本文时，市场参与者可以观察到一个"基础"，2 个基点到 4 个基点的差异，即交易商在利率互换交易中所引用的利率取决于是否在到期日将在 CMD 或 LCH 上清算。

6. FSB，场外衍生品交易报告综述——同行评议报告，2015 年 11 月 4 日（FSB 2015）。

7. Darrell Duffie，危机后的金融监管改革评估，2016 ECB 中央银行论坛，2016 年 6 月（Duffie 2016）。

8. 但是请注意，美国财政部的豁免不适用于外汇期权，货币互换和无本金交割远期外汇交易。

9. CFTC 商品期货交易委员会（Commodity Futures Trading Commission），2016 年 1 月 6 日：对互换交易商和主要互换参与者未集中清算的互换的最低保证金要求；最终条例（CFTC 2016）。

10. Darrell Duffie 和 Haoxiang Zhu，中央清算对手方是否会降低对手方风险？牛津大学出版社金融研究学会（Duffie 2011）。

本章参考文献

BIS. (2016, November). *Statistical release, OTC derivatives statistics at end-June 2016, monetary and economic department.*

CFTC, Federal Register. (2016, January 6). *Margin requirements for uncleared swaps for swap dealers and major swap participants.* Vol. 81, No. 3.

Duffie, D. (2011). *On the clearing of foreign exchange derivatives.* Working Paper.

Duffie, D., & Hu H. (2008, June). *Competing for a share of global derivatives markets: Trends and policy choices for the US.* Stanford University WP 50.

Duffie, D. (2016, June). *Financial regulatory reform after the crisis: An assessment.* 2016 ECB Forum on Central Banking.

FSB. (2015, November). *Implementation and effects of the G20 financial regulatory reforms.* Report of the Financial Stability Board to G20 Leaders.

IMF. (2008, October). *Financial stress, downturns and recoveries.* World Economic Outlook. Washington DC: Intrenational Monetary Fund.

交易对手信用风险暴露概述

摘　要：本章探讨了交易对手信用风险（CCR）的性质，以及衍生工具合约中信用和违约风险的表现形式。其中，风险暴露是在合约的"净额集"水平上衡量的，可以随时间改变符号，并且往往通过定期提供担保品来缓解。此外，本章回顾了 2008 年国际金融危机后日益强烈的 CCR 意识如何导致衍生品定价方法的全面修订：包括信用和债务价值调整，用 OIS 曲线代替 Libor 曲线（隔夜指数互换）作为贴现现金流量的参考曲线。最后，本章介绍了衡量交易对手风险的关键指标，并分析了错向风险的特殊情况。

关键词：交易对手信用风险（CCR）　　信用违约互换（CDS）　　抵押信用价值调整（CVA）　　负债价值调整（DVA）　　预期风险暴露（EE）有效预期风险暴露　　预期正风险暴露（EPE）　　国际互换与衍生品协会（ISDA）伦敦同业拆借利率（Libor）　　非违约价值　　债券更新　　OIS 隔夜利率互换未来潜在风险暴露（PFE）　　错向风险

1　交易对手信用风险与场外衍生品

1.1　定义：交易对手信用风险的本质

交易对手信用风险（CCR）是专门针对场外衍生品的信用风险形式。场外衍生品交易的几个特征显著区分了 CCR 与传统信用风险：最主要的一点是，在双方之间的衍生合同（或衍生合约组合）中，风险的标志可能随时间而变化。我们通过列举现金产品和衍生产品的例子来看看 CCR 的细节：

如果 A 向 B 提供 5 年期 100 万美元的贷款，B 就会欠 A 100 万美元本金加上 5 年的利息。所有现金流都是已知的。A 的风险暴露产生于 B，并且在贷款的有效期内风险暴露是众所周知的。B 的潜在违约（其能力或支付意愿）是唯一未知的。

相反，如果 B 发行了一个 5 年期 100 万美元可交易固定利率债券，并且 A 在其投资组合中加入了该债券，则 A 对 B 的风险暴露长达 5 年（在 A 不出售债券的情况下），所有未来的债券现金流都是已知的。虽然 A 有该债券的市场价值［或按市值计价，或逐日盯市计价（Mark-to-Market，MtM）］这么大的风险暴露，且这个数值会在 5 年内以多种不同且不可预测的方式发生变化，但如果 A 持有到期，则 A 对所有未来现金流具有确定性。这再次说明唯一未知的是 B 的潜在违约。

现在让我们假设 A 与 B（6 个月 Libor）进行 5 年期 100 万美元的名义固定利率互换，如图 1 和图 2 所示。在现金流和风险暴露方面，互换与贷款、债券不同。净现金流的方向可能在互换的 5 年合约期间发生变化（从 A 到 B 或从 B 到A）。与债券的情况不同，市场价值的符号也可能会发生变化。因此，这意味着风险暴露可能会在互换合约期间改变符号。互换以零价值开始，支付给 A 的固定利息流的现值与支付给 B 的未来 Libor 流的现值相同。A 的 MtM 可能先是正的，因此 A 对 B 有风险暴露；但随着 A 的 MtM 变为负的，也就意味着 B 对 A 有风险暴露。在 MtM 最终恢复到零之前（交换到期时），A 和 B 可能交替出现债权人和债务人的角色。如果互换合约具有担保品，则 A 和 B 将是担保品的抵押人和债权人。

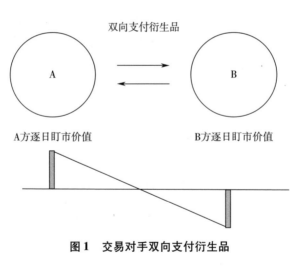

图 1　交易对手双向支付衍生品

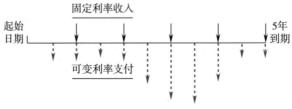

图 2　5 年期利率互换示例

交易对手角色的完全一致性及其不确定动态性构成了 CCR 本质的一部分。

为了明确 CCR 的双边性，让我们看一下衍生品的另一个例子：假设 A 购买一个 1 年期的欧式看涨期权（或 B 出售了一个看跌期权）。一旦支付了期权费，当期权到期时，可能没有付款，如果有付款则只能从 B 到 A。MtM 最终可以是零值，但是在期权的整个合约周期内，A 的 MtM 始终为正。A 将永远有风险暴露于 B。实际上，一些希望控制风险的衍生品市场参与者会将其衍生品活动限制为购买此类看涨期权。然而，即使在这种简单的情况下，仍然存在双边维度。假设看涨期权是一种担保品，假设没有行权阈值（参见"再论担保品的作用"章），开始时的现金流将是：A 向 B 支付期权费，但随后立即从 B 收回现金（相当于以担保品的形式）。此外，如果在开始时这份看涨期权对 A 是现金中性，则在期权的有效期内可能不会保持不变。如果期权价格在开始后下跌，A 将不得不偿还一些收到的担保品并向 B 支付现金。

总而言之，两个交易对手之间衍生品的投资组合一般会导致市场总价值（MtMs）和支付都是双向的[1]，这点与债券是不同的（见图 1 至图 3）。

> CCR 通常指具有不确定性暴露的双边信用风险，随着时间的推移，这种风险随潜在市场因素的变动而变化。(…) 信贷风险取决于一个或多个潜在市场因素。具有 CCR 的工具包括交换支付或交换支持支付的金融工具，并有明确的、有确定违约概率的交易对手；CCR 是双边的，它在合同期限内存在于交易双方；其他典型特征还包括使用担保品来降低风险等[2]。

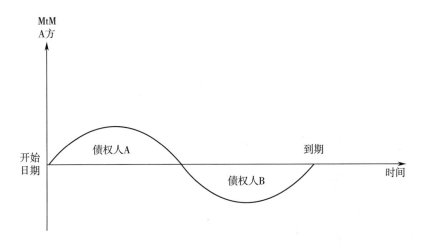

图 3　按市值计价的演变

CCR 的概念也适用于证券化融资交易，如回购或反向回购。回购是银行等金融机构为了交付作为担保品的证券（通常是政府债券）而借入的款项。我们专注于关注场外衍生品带来的影响。

由于衍生工具的性质，其 MtM 可能由其他市场工具的价格——期权的标的变量——以及此刻和未来的贴现率的值决定。影响衍生品价格的变量的未来价值的不确定性，需要使用蒙特卡罗模拟来刻画，无论是简单的利率互换，还是嵌入期权的衍生品。

模拟将有助于捕捉 MtM 所有可能的未来路径（见图 4），特别是当嵌入期权造成非线性和路径依赖事件时，模拟将有助于计算衍生品合约期间的预期正风险暴露。

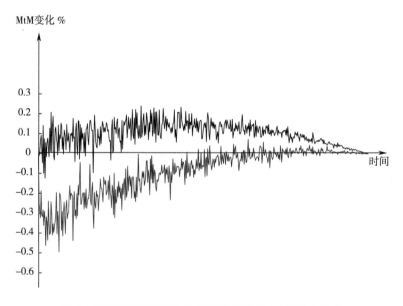

图 4　两种利率情景下 2 年期零息互换 MtM 的演变路径

1.2　对交易对手信用风险认识的发展

衍生品市场是现代金融的标志之一。衍生品交易规模自 20 世纪 70 年代出现以来一直在不断增长，直到 2008 年国际金融危机，增长突然停止。从那时起，衍生品的未偿还数量一直在一定范围内变化。从 2013 年起，受监管影响，衍生品交易规模受到了抑制（见图 5）。

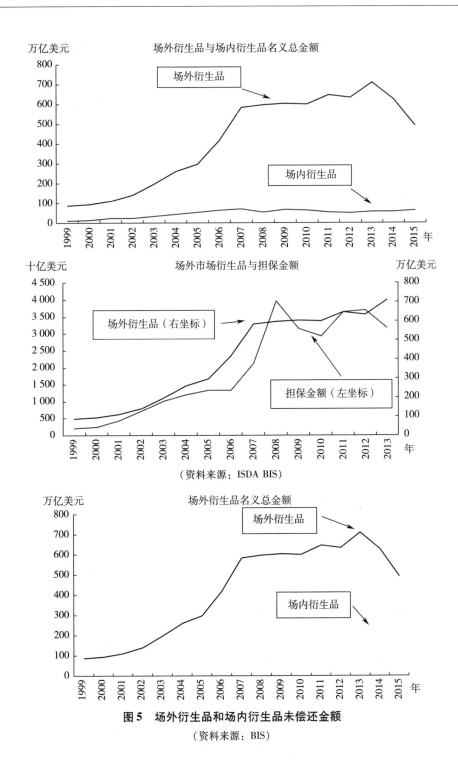

图 5　场外衍生品和场内衍生品未偿还金额

（资料来源：BIS）

在 20 世纪 80 年代银行和金融的自由化改革之后，衍生品普遍需要管理利率、股票、外汇和商品市场的一般波动。普通的基本衍生品，如期货或一般的期权，将在交易所进行交易。但大多数情况下，衍生品终端用户更愿意与银行进行交易：经销商银行为他们提供更广泛、更直接的途径以获取衍生品提供的所有潜在用途和价值来源。更重要的是，经销商银行可以提供适合客户特定需求的定制交易，同时，它们会使用更简单的产品对这些定制交易的风险进行分摊和对冲。在此过程中，其客户不会受到这种结构和风险控制工作的影响。由于这些原因，市场的主要部分长期以来一直是场外交易衍生品（见图5），两个交易对手中的一个是经销商银行。

20 世纪 80 年代和 90 年代，衍生品的使用提供了巨大的市场风险管理能力，使人们对降低市场风险的能力有了信心。最初，信用风险或违约风险是衍生品定价的诞生背景；随后，衍生品定价技术迅速改进，诞生了一种相当复杂的技术，该技术依赖于与定价相关的高度抽象的概念，如风险中性概率。风险中性概率是衍生品定价的基石，它根据观察到的数据设定了市场变量未来价值的可能性，但对各种可能性的概率进行了一定调整使其能反映衍生品交易的参与者面对的市场是风险中性的。这种风险中性假设反过来印证了衍生工具能降低经济中存在的所有市场风险的基本假设。衍生品市场通过提供每种市场风险的对冲，使市场变得更加完全。

但是，信用风险最初是事后才想到的。在 20 世纪 80 年代和 90 年代初的市场背景下，衍生品的定价完全是从违约风险中提取出来的。那是一个固定收益市场由政府债券交易主导的时代（至少在美国之外是这样的）。那时的银行有比现在更好的信用质量，更确切地说，衍生品交易的损失不会导致银行倒闭。值得一提的是，在这个早期阶段引入担保品，其目标仅仅是保护经销商银行免受信用质量较低的企业用户违约的影响。20 世纪 80 年代的银行监管主要关注贷款账簿上的违约风险，目的是防止银行破产，1988 年的《巴塞尔资本协议》（*Basel Capital Accord*）就是明证。然而，衍生品交易并不仅仅与违约相关，CCR 的具体情况也没有得到充分理解和概述。

20 世纪 90 年代，随着公司债券市场规模的扩大，信用风险开始成为一种可交易的风险，随着信用衍生品的出现，评估违约风险的方法和 CCR 被添加到金融教科书和从业者的工具箱中。1995 年，监管当局在著名文件《巴塞尔资本协议：表外项目潜在风险的处理》[3] 中概述了针对 CCR 的监管制度。

20 世纪 90 年代末和 21 世纪初，伴随着银行和市场自我监管能力依赖程度的提高，《巴塞尔协议 II》（Basel II）综合框架制定完成。2005 年发布的具体准备文件概述了管理 CCR 的关键概念和指标。在这些概念中，我们将在本章中详细讨论的是潜在未来风险暴露（PFE）、预期风险暴露（EE）、预期正风险暴露（EPE）和信用价值调整（CVA），它们被视为衍生品预期损失的衡量标准。

所有的这些新概念的发展都是由投资银行的数量分析人员积极引领的，而且进展极为迅速。事实上，到 2006 年《巴塞尔协议 II》框架出台时，银行业已经出现了一波明显的集中化浪潮，尤其是在衍生品交易商银行之间，其中一些银行拥有非常可观的市场份额，而且拥有赋予其竞争优势的技术优势。然而，在 2006 年，衍生品被用于服务创新，并开拓资本市场，尤其是在信贷结构融资领域。事实证明，这对整个体系是致命的。反映 CCR 管理日益有效的信用风险指标和信用估值调整致力于改善定价以及反映客户的所有风险和交易成本。

2007—2008 年的金融危机及其后果让我们开始重新审视 CCR 管理技术的意义和目的。各国政府正在领导衍生品市场的全面重建。受信用衍生品市场估值和流动性问题的影响，雷曼兄弟破产后 2007—2008 年的危机导致全球金融领域出现前所未有的瘫痪，对全球经济产生极为强烈的负面冲击。2009 年，G20 集团的国家元首和政府首脑在匹兹堡进行会晤，致力于探讨如何稳定金融体系并重建信心，场外衍生品市场和 CCR 的问题是讨论的核心。因此，这些问题成为监管的优先事项。在匹兹堡会议上，G20 成员正式要求所有标准化衍生品通过 CCP 清算。2010 年新版巴塞尔协议框架（Basel III）大大强化了《巴塞尔协议 II》中对 CCR 的要求，特别是引入了针对信用价值调整波动性与银行隐含风险的新资本管理措施。除《巴塞尔协议 III》外，国家监管机构正在加强对衍生品交易的抵押（或保证金）的要求（参见"重建衍生品市场：2008 年以后的目标"章）。

2008 年之后，各国政府决定建立新的市场结构和法规以控制场外衍生品市场的违约风险。《巴塞尔协议 III》中关于 CCR 的部分开头如下：

未能捕捉到资产负债表内外的重大风险以及衍生品相关风险暴露，是放大危机的一个关键因素。

2 衍生品定价中的信用风险

衍生品定价理论是由衍生品市场和经销商银行实施和完善的，它基于以下几个基本原则：

- 工具的价格应该能反映它的风险状况。
- 价格应该反映风险本身而不是投资者的风险厌恶：因为衍生品市场是完

整的，能对所有风险进行对冲，所以我们假设衍生品市场不存在风险厌恶，价格应该是基于风险中性概率的未来现金流的期望贴现值。

- 未来现金流以无风险利率贴现从而获得无违约情况下的估值。交易各方的信用风险分别作为信用价值调整（CVA）和债务价值调整（DVA）进行计算，并与无违约价格（VND）累加（参见"信用与负债价值调整：CVA 和 DVA"章）

$$V = VND + CVA + DVA$$

本章讨论无违约价格的估计以及自 2008 年国际金融危机以来无风险收益率曲线的定义和估计方法的演变。

无风险收益率曲线，可靠且易于根据观察到的市场数据计算。从中可获得的无风险折现因子对计算任何衍生工具的无违约价格都至关重要。

2.1　长期依赖 Libor 作为无风险利率的代表

交易最广泛的衍生品一直并将继续是利率互换（IRS），即固定利率和伦敦银行同业拆借利率（Libor）票面利率，在两个交易对手之间定期交换。最大的 IRS 市场是美元 IRS 市场，该市场的标准是每 3 个月进行一次支付，浮动利率票息参考 3 个月 Libor 在该期开始时的价值。

20 世纪 80 年代，Libor 作为无风险利率的代表是互换交易商的自然选择。Libor 的现值（PV）总是接近票面价值（即 Libor 重置时的票面价值）。此外，由于银行的信用质量良好，Libor 与同期限的政府利率（美国国债利率）不会相差太远。

Libor 提供了银行间市场隔夜拆借和 1 个月、3 个月、6 个月、12 个月无担保借款利率的指标。Libor 是在每个工作日通过对选定银行的调查得出的。在 2008 年国际金融危机之后，针对 Libor 的值从被询问银行获得而没有直接从交易中观察得到这一事实进行了大量讨论。Libor 对于流动性状况和银行信誉度是否有代表性一直饱受争议。然而，在 2007—2008 年之前的相当长一段时间里，英国银行家协会（BBA）以所有主要货币公布的 Libor 利率一直被视为银行间市场借贷成本的可靠指标。所有主要货币的银行间借贷业务都在伦敦的欧元市场或离岸市场（欧元美元、欧元日元、欧元德国马克等）进行。但是，由于利率在这些欧元市场上无法直接观察到，使用 Libor 值更可靠、更方便，因此，Libor 是主要的参考指标，而 Libor 曲线（第 1 年是 Libor 利率，第 2~30 年是互换利率）是互换等衍生品定价的无风险贴现因子的来源。

当从多个观察值获取 Libor-swap 收益率曲线（称为 bootstrapping 方法）时，

银行使用欧洲美元期货得到曲线的短端，然后使用 Libor。超过一年的部分，将使用证券经纪人报出的互换利率。

2.2 2008 年后 Libor 的不足

在 2007—2008 年危机期间，银行间市场流动性突然、持久的消失最终达到瘫痪的程度，以及借贷交易的停止，造成了人们对整个金融体系生存能力的担忧。Libor 作为无风险利率代表指标的缺点在此期间暴露无遗。在 2008 年以及随后的欧元主权危机中，Libor 表现出来的缺点已经足以让业界停止使用Libor。

相反，在前一次系统性金融危机（1997—1998 年亚洲金融危机）期间，Libor曲线被认为是信贷风险定价的稳定参考。即使在危机爆发后不久，全球金融市场上发行的大部分债券的定价也都参考 Libor 曲线。

但在 2007—2008 年危机中，Libor 非但没有带来稳定和连续性，反而引发了对其可靠性的怀疑。从价格的异常中可以发现，Libor 未能正确反映出银行间现金和衍生品市场迅速演变的动态，其制度设计和基础治理方面的主要缺点非常明显：Libor 过度依赖银行间无担保借贷市场，然而，这场危机表明，随着流动性和交易转移到其他地方，这个市场可能会停止运转。Libor 的异常值还表明，Libor 固定价（非观察到的市场价格）是咨询过程的结果，该过程很容易受到操纵（见专栏1）。

看看 Libor 的演变，人们可以更加具体地了解 2007—2008 年危机和 2010 年欧洲银行主权债务危机中 Libor 的高度不稳定和异常。

专栏1 2012 年 Libor 丑闻：金融基金动摇其根源

伦敦银行同业拆借利率（Libor）是在 20 世纪 80 年代引入的。那时利率衍生品的交易，尤其是固定—浮动利率互换（Interest Rate Swap，IRS）正在快速增长，迫切需要标准化市场惯例，规范定义，建立正式的程序和管理办法，对银行间短期借款利率进行评估，并在每个工作日公布大多数衍生品合约中参考的浮动利率。

英国银行家协会（BBA）回应了这一需求。1986 年，BBA 开始进行 Libor 对美元、日元和英镑的定值计算。Libor 固定价于每个工作日的伦敦时间上午11：30 公布。Libor 固定价产生于一项调查。一个由伦敦 16 家信誉良好的大型银行组成的委员会被问到这样一个问题："你能以什么样的利率在上午 11 点之前通过一定规模的银行间市场借到一笔资金？"该委员会的银行将把它们的预测发送给汤森路透（Thomson Reuters），汤森路透在排除25%的最高价和最低价后计算平均值，然后代表英国央行公布 Libor 固定利率。2012 年，Libor 设定了 10 种货币的固定利率，并有 15 种从隔夜到 1 年不等的期限。据估计，有 300 万亿美元的互换和期货合约使用 Libor 作为主要参考利率。

然而，2012 年的一项调查显示，包括德意志银行（Deutsche Bank）、巴克莱银行（Barclays）、瑞银（UBS）、荷兰合作银行（Rabobank）和苏格兰皇家银行（Royal Bank of Scotland）在内的多家银行涉嫌操纵 Libor 以牟利。据悉，有几家委员会银行曾大量少报其借款成本，目的是在市场紧张时显示其财务实力。此外，银行还操纵定价，从而在基于 Libor 的衍生品中获利。2012 年，受该调查的影响，巴克莱银行和荷兰合作银行的 CEO 辞职。

2012 年 9 月，英国财政大臣发表了题为《维特利对 Libor 的回顾》（Wheatley Review of LIBOR）的报告。该报告建议将流动性不足的银行间市场排除在外，因为在这些市场中，交易和流动性过于薄弱，无法证明一个指标的合理性。该报告还建议将交易中观察到的费率纳入估计过程，以防止为了显示财务实力而低估筹资成本的动机："BBA 应在 3 个月后公布个人提交的 Libor 数据，以防止提交者试图操纵 Libor 并避免数据使用者将提交数据误认为信用可靠信号。"

2013 年，金融服务管理局（FSA）采取行动并将 Libor 的监管从 BBA 转移到洲际交易所基准管理机构（ICE Benchmark Administration, IBA），该机构是由 FSA 监管的洲际交易所集团（ICE）的实体。FSA 还实施了维特利报告的建议：要求 ICE 锚定交易数据进行计算；银行提交的个别 Libor 报告将不再能立即查看。监管机构加强了对交易员活动的监控，并对利率操纵实行了刑事制裁。

调查仍在继续，并涉及其他主要机构。截至 2015 年 5 月，美国、英国和欧盟的监管机构已经对操纵 Libor 的银行处以超过 90 亿美元的罚款。16 家银行仍面临诉讼风险，诉讼金额估计达 350 亿美元。大型银行已禁止使用在线聊天室，作为防止串谋行为的额外措施。

Libor 和银行间市场的不稳定性可以在 3 月期美元 Libor 相对于 3 月期美元国债的利差时间序列中看到（见图 6）。这种利差称为泰德利差（Ted spread），它揭示了突如其来的市场压力或危机时期的恐惧：从这个意义上讲，Libor 可能是稳定的，而美国政府债券的突然抛售，将使政府利率在短时间内处于异常低的水平。但与此同时，美元 Libor 也不再与联邦基金利率（Fed）和 OIS 利率同步变动，这些利率与银行间市场的流动性直接相关（见图 7）。

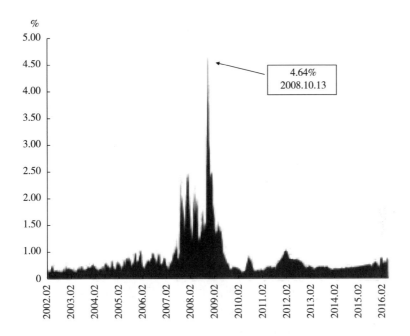

图 6　3 个月期美元 Libor 减去 3 个月期普通美国国债日数据（2002. 2. 1—2016. 4. 8）

（资料来源：Bloomberg）

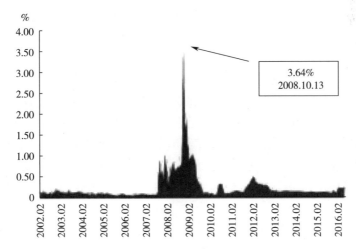

图 7　3 个月期美元 Libor 减去 3 个月期美元 OIS 利率日数据（2002. 2. 1—2016. 4. 8）

（资料来源：Bloomberg）

银行间市场的混乱在 Libor 货币基础互换利差中也表现得尤为明显。货币基础互换（currency basis swaps）与 Libor 之间的息差，仍未反映出市场运转良好（见"重建衍生品市场：2008 年以后的目标"章）。

货币基础互换是银行或任何市场参与者将以货币计价的浮动利率债务（例如每 3 个月支付 Libor 的美元债务）转换为另一种货币计价的浮动利率债务或参考这种货币的 Libor（如 3 个月 Euribor 息票的欧元债券）。

3 个月、6 个月、1 年期的短期基础互换复制了两家银行之间的以下现金借贷业务（在 6 个月基础互换的情况下）（假设 1 欧元 = 1.1 美元）：

• B 银行从 A 银行贷款 1.1 亿美元，期限 6 个月，到期归还 1.1 亿美元 + 按 6 个月期美元 Libor 计算的利息；

• A 银行从 B 银行贷款 1 亿欧元，期限 6 个月，到期归还 1 亿欧元 + 按 6 个月期 Euribor 计算的利息加息差。

如果 A 银行和 B 银行是 Libor 和 Euribor 板块中平均信用水平相当的银行，那么息差应该非常小。否则，如果银行间市场和外汇市场正常运转，任何银行都可以在现金和外汇市场复制这种基础互换，然后进行无风险套利。

在基础互换市场中，市场惯例是美元腿（译者注：swap 的 leg，指现金流）总是支付或接收美元 Libor，而其余腿的报价是日元 Libor + 利差或 Euribor（欧洲银行间同业拆借利率）+ 利差。

实际上，直到 2007 年夏季危机开始之前，基础互换利差通常只有不到 5 个基点。

但从 2007 年 8 月开始，Libor 和 Euribor 的息差达到了不符合无套利定价理论的水平。息差显示出金融体系承受的压力以及银行间市场流动性不足。2007年，欧洲银行在以 Libor 获得短期美元融资方面遇到了困难，它们试图通过基础互换市场获得美元。欧元/美元基础互换息差从通常的以 0 为中心 5 个基点区间，达到高达 126 个基点，这直观反映了供需之间的不平衡和市场的不均衡。这一直持续到欧洲央行向欧洲银行提供美元额度。但即便如此，3 个月的欧元兑美元基差也稳定在 50 个基点附近。2010 年欧洲主权债务危机再次发生了偏离均衡的情况（见图 8）。由于 2008 年后监管的资本要求，交易商银行对套利异常价值的兴趣减少，目前的持续高位可能是由此造成的（见"重建衍生品市场：2008 年以后的目标"章）。

Libor 的局限性促使人们寻找另一条更可靠的无风险曲线。

2.3　衍生品定价的新无风险利率：OIS

OIS 利率是隔夜利率互换利率（Overnight Interest Swap rate，OIS rate）。美元

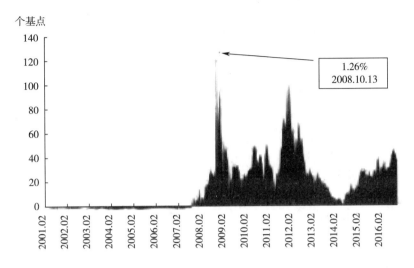

图 8 欧元/美元基础互换利率日数据（2001. 2. 1—2016. 9. 28）

（资料来源：Bloomberg）

OIS 是与隔夜联邦基金（Fed 基金）利率进行互换的利率，通常为 3 个月期。例如，在 3 个月的美元 OIS 互换中，其中一方（固定支付方）在 3 个月期限结束时支付给定的固定利率利息，而另一方（浮动支付方）支付每日按联邦基金利率计算的利息。OIS 互换现在有更长的期限选择，有超过 1 年的。在为期 5 年的 OIS 互换中，将按照 3 个月期的 OIS 计算，每季度或每半年付款。

美元 OIS 利率与联邦基金市场有着密切的关系。人们可以将 OIS 的浮动期付款视为以联邦基金利率（Fed Funds rate）滚动获得贷款利息。

现在我们分析一下选择 OIS 作为互换和其他衍生品定价的新无风险利率的理由。

OIS 利率是基于隔夜联邦基金利率的互换利率。在 OIS 互换利率中，有两个截然不同的信用风险因素：

- 隔夜联邦基金利率中的信用风险
- OIS 互换本身的交易对手风险

联邦基金市场是美国无担保隔夜借入美元的银行间市场。在这个市场中，交易通过经纪人执行。每天，联邦基金经纪人将向纽约联邦储备银行报告所有交易中交易双方商定的利率的加权平均值，该平均值称为有效联邦基金利率。有效联邦基金利率是美元 OIS 互换中每日复利的利率。在欧元市场，等价于有效联邦基金的是 EONIA（欧洲隔夜指数平均值）。在英镑市场，等价的是 SONIA（英镑隔夜指数平均值）。

隔夜联邦基金包含在美国经营的银行业的平均信贷息差。

回购是一种有抵押的货币市场交易。由美国国债组成的担保品的隔夜回购利率是联邦基金在隔夜借款中的无风险收益率代表指标。

在 2013 年关于 OIS 和 Libor 利率[5] 的研究中，J. Hull 和 A. White 表示，在危机开始之前到 2007 年中期，美国政府债券担保的隔夜回购利率要比有效联邦基金利率低 5~10 个基点；在危机期间，美国政府担保的回购利率相对于联邦基金下跌。J. Hull 和 A. White 还估计，到了 2009—2012 年：

- 由短期美国国债得出的有效联邦基金利率与无风险利率之间的息差约为 5 个基点；

- Libor 平均比有效联邦基金利率高出 6 个基点；

- 因此，Libor 较隔夜无风险利率高出 11 个基点。

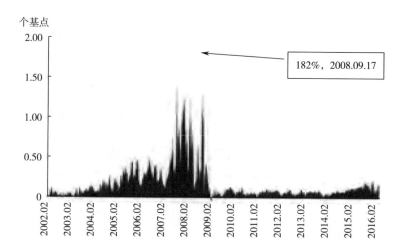

图 9　3 个月期美元 OIS 与 3 个月期美国国债日数据（2002. 2. 1—2016. 4. 8）
（资料来源：Bloomberg）

尽管 OIS 利率包含 CCR，但交易对手之间 OIS 互换的是完全抵押的。此外，对于 3 个月或 6 个月的短期互换，以及具有相同信用质量的银行对手方，双边 CVA 调整如果要反映在互换利率中，则应保持最低限度。

利用 Bloomberg 的日数据，我们发现在 2002 年 2 月至 2016 年 4 月（涵盖 2008 年国际金融危机和欧洲主权危机时期），OIS 与 3 个月期国债之间的平均息差为 16 个基点。这个平均息差在 2012 年 3 月至 2016 年 4 月下降至 8 个基点。从曲线可以看出，3 个月期 OIS 的交易水平充分反映了 2008 年银行间市场短期资金流动的压力。当采取纠正措施后，数值迅速稳定下来，然后在 2009 年初持续恢复到 25 个基点的范围内。

与此同时，在上述时期，3 个月期 Libor 与美国国债收益率的平均息差分别为 42 个基点和 27 个基点。

基于上述论点和数据，我们不难理解为何选择 OIS 作为无风险利率可靠、可行的代表指标。

3 交易对手信用风险暴露指标

在本节中，我们将使用监管机构、衍生品行业、国际互换与衍生品协会（ISDA）和财务报告规则制定机构所使用，尤其是国际财务报告准则（IFRS）所述的风险分类方法。这些指标是与市场参与者协商制定的。

3.1 在投资组合层面的度量：净额集

第一个关键概念是净额集（Netting Set）。在 ISDA 论坛上，市场参与者们协商制定了用于管理场外衍生品的合约的规则。两个交易对手之间的 ISDA 合同定义了与 CCR 有关的所有方面以及其中一方违约的可能性。ISDA 合同适用于净额集，即根据 ISDA 合同约定的条款签订的交易集。ISDA 合同是具有法律效力的。

"净额"一词特指交易对手风险的第一个关键指标——MtM，我们将其定义为合约价值、风险暴露、违约风险暴露以及对幸存实体的索赔所计算出来的一个总集合，其内部的个体价值可以抵消组合中其他个体的价值。

3.2 交易对手风险暴露度量的关键

3.2.1 基于未来 MtM 概率分布与模拟

有许多关键指标能识别衍生工具中的不确定性，并根据未来时间点的 MtM 概率分布衡量 CCR 暴露；或者基于投资组合 MtM 的大量路径（以百万计）模拟直到工具到期为止。

3.2.2 根据 ISDA 合约定义风险暴露并考虑担保品的影响

风险暴露可以通过将 ISDA 合同的条款应用于净额集的 MtM 来衡量。在下文中，我们将首先描述风险暴露指标而不考虑担保品。然而在实践中，大多数 ISDA 合同包括担保品。在衡量未来风险暴露时考虑担保品的影响，会使计算变得更具挑战性。

3.2.3 仅考虑正风险暴露

风险暴露指标通过仅考虑正风险暴露来解决 CCR 的双向问题，其代数表达形式为

$$\text{Max}(MtM; 0)$$

在关于 CVA 的章节中，考虑到 DVA 的重要性以及担保品信用风险的重要性，我们将使用"负面指标"来发挥"正面指标"的对称作用。

3.2.4 反映衍生品风险暴露的"时间元素"

与对投资组合工具的市场风险或信用风险的标准衡量相反，CCR 指标涵盖了衍生品投资组合的整个生命周期，直至期限最长的工具到期。其中一个原因是，场外衍生品是一种不应在二级市场交易的合约，这些合约在到期前很难处置：到期前难以终止（必须与交易对手达成协议）、难以由另一个交易对手替代（必须与三家银行达成协议）。CCR 的审慎做法是，将投资组合中的所有衍生品视为在到期前都将留在账簿上，衡量其风险直到到期。

另一个原因是短期衍生品的"展期交割"。投资组合中的某些衍生品可能会在中期达到峰值，比如 3 年。然而，以 3 年为时间期限测量这种风险可能不是投资组合整个生命周期内最大风险暴露的正确衡量指标，因为在未来 6 个月内达到峰值风险的短期衍生品将以相同的价格展期，并增加 3 年总风险暴露。谨慎的风险指标应该汇总这两种风险。这是管理有效预期风险暴露指标的逻辑。

3.3 互换信用风险的基本认知

银行家通常会用以下两个例子来描述利率互换（IRS）和货币互换（CS）的信用风险。由于这些互换构成大多数场外衍生品投资组合，因此记住这些例子有助于形成对投资组合中 CCR 的基本认识。IRS 通常从零 MtM 开始，如果互换曲线在互换期间（与固定利率"腿"持续期一致）随着时间的推移向下移动（如债券），则固定利率接收方价值增加。然而，随着到期日的临近，固定利率"腿"的价值恢复到平价并且互换的 MtM 收敛于零（见图 10）。CS 则可能最终具有正值。CS 首先以当时的即期汇率进行两种货币的初始互换。初始交易必须

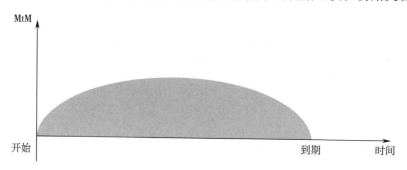

图 10 典型的利率互换交易对手信用风险暴露

在到期日反向执行，如果接收的货币在开始日期后已经升值，则此时互换可能有价值（见图11）。

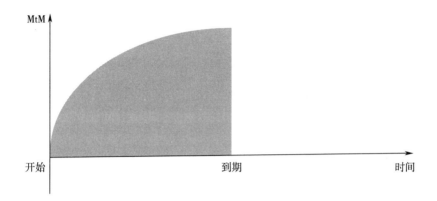

图11 典型的货币互换交易对手信用风险暴露

3.4 主要的交易对手信用风险暴露指标

在未来某一时间点：预期风险暴露（EE）和未来潜在风险暴露（PFE）

EE 和 PFE 这两个基本指标，描述了未来时刻正 MtM 的分布：EE 是这个分布的期望；PFE 是未来某日期之前 MtM 的 99% 最大增幅（见图12）。

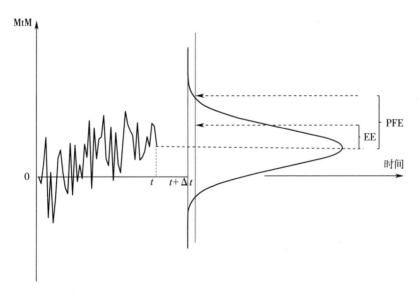

图12 未来 t 时刻的 EE 和 PFE

EE 和 PFE 都由相同的蒙特卡罗风险模型生成的，该模型模拟所有可能的路径（例如，在期限最长的工具最终到期之前，衍生品投资组合或净额集 MtM 的 500 万条路径）。在未来某一时刻，EE 为蒙特卡罗模拟所有正值的平均值，PFE 是正值分布的 99% 分位数。

图 12 展示了 t 时刻的 MtM 和所有 MtM 可能路径在 $t + \Delta t$ 时刻的分布，其中 EE 和 PFE 分别为所有正值的期望和 99% 分位数。

3.4.1　整个投资组合的生命周期：预期正风险暴露（EPE），有效 EPE（Effective EPE）

未来每一个时点都定义了一个 EE 和一个 PFE。现在，我们来看看整个投资组合生命周期中 CCR 暴露的演变（见图 13）。

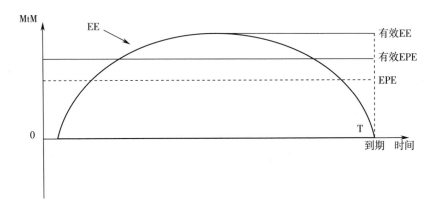

图 13　EE、EPE、有效 EE 与有效 EPE

EPE 是未来所有时间范围内的 EE 的时间加权平均值。

我们发现风险暴露模型的潜在缺陷之一在于短期衍生品头寸的延期付款：延期付款可能会与未来时间点的峰值暴露加总，并产生可能的"暴露累积"，不能用时间点度量来捕获。

这就是定义有效 EE 和有效 EPE 的原因。

有效 EE 是以递归的形式定义的，逐点增加时间的范围，在某个时间点计算的 EE 大于下一个时间点计算的 EE，则该点处的 EE 即为有效 EE。在风险暴露的峰值处获得有效 EE，然后用有效 EE 的下一个时间点计算 EE。用代数形式表达如下。

对于所有的 t_k，$k = 1, 2, \cdots, N$，其中 N 表示净额集中最后一个到期日，有：

$$EffectiveEE(t_k) = \text{Max}\left[Effective\ EE(t_{k-1}) ; EE(t_k) \right]$$

有效 EPE 是在预测范围内最终到期日前所有日期的有效 EE 的时间加权平均值。

4 错向风险

错向风险可以定义为随着以下风险的增加而产生的风险：

- 交易对手的信用风险；
- 交易对手的信用弱点。

在债券市场中，债券发行人信用弱点的增加将转化为债券信用利差的增加，从而导致债券市场价格下降，这也衡量了发行人的即期风险。交易对手的信用质量和交易对手风险向相反方向发展，这是通常的"正向风险"。

错向风险表现出相反的性质：交易对手的信用弱点和交易对手的信用风险同时增加。

错向风险源于交易对手的风险与交易对手违约的可能性之间的相关性。从直觉上看，这是场外衍生品的合理结果：如果 A 的 MtM 为正而 B 为负，则 A 的暴露增加，同时 B 的融资能力被负的 MtM 改变了。但在一般情况下，这种增量效应本身不会导致错向风险，因为它只是 B 的财务状况的边际恶化，其资产负债表中的其他头寸也可能抵消这一损失。当暴露与信用强度之间的负面联系既是结构性又是实质性的时候，才会导致错向风险。

错向风险，有时也被称为错向风险暴露，早在 20 世纪 90 年代末[6]就已被确认为一个令人担忧的问题，并已被纳入《巴塞尔协议 II》的漫长准备阶段，成为监管机构与银行业对话的一部分。但在 2008 年国际金融危机之后，错向风险才真正地进入 CCR 相关概念和指标的列表，并得到了市场参与者和监管机构的充分认可。因为错向风险在 2008 年的危机中以一种重要的方式显现出来，表现为金融体系的一个关键脆弱性。

2001 年，ISDA 与巴塞尔银行监管委员会在 CCR 资本监管上合作，将错向风险定义为[7]：

> 暴露于某一交易对手的风险与该对手的信用质量负相关时，就会出现错向风险。错向风险作为一种额外的风险来源，应引起银行和监管机构的重视。

2006 年，《巴塞尔协议 II》将"一般错向风险"和"特殊错向风险"共同定义为"CCR 相关风险"。

一般错向风险：交易对手违约概率与一般市场风险因子正相关。

特殊错向风险：由交易的特征所导致的暴露于某一交易对手的风险和该交易对手的违约概率正相关。

4.1 现实中的错向风险

错向风险发生于许多典型的交易情形。

信用衍生品　信用衍生品因其性质特点，更容易产生错向风险。图14概述了信用质量和信用风险之间的因果关系。在信用衍生品市场中，经销商银行作为做市商同时也是保护措施的卖方，占据着举足轻重的地位。鉴于过去20年来该行业的集中度很高，有较大市场份额的经销商银行可能同时也是系统性银行，它们将面临经济衰退和全球危机的风险。因此，作为信用保护措施的卖方（以CDS或其他工具的形式），这些经销商银行很可能是一般错向风险的来源。[8]

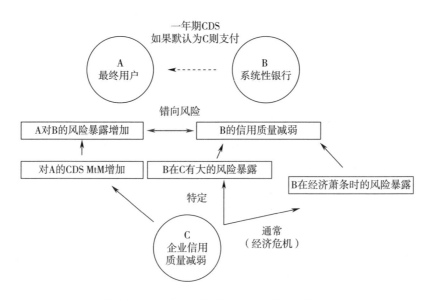

图14　信用违约互换（CDS）中的错向风险

在经济严重衰退或危机严重的情况下，由于被保护企业的信用质量降低，作为CDS销售商的经销商银行的违约风险事件急剧增长。同时它们自己的信用质量也会因全球经济（金融）的衰退而削弱（要么是因为它们所有产品的客户都变弱而引起的风险暴露，要么是因为它们自身在金融危机期间的市场风险暴露）。这些交易商银行的客户面对的就是错向风险；它们购买的信用衍生品的MtM增加（这是它们对交易商银行的风险暴露），而交易商银行的交易对手风险同时增加。

看跌期权　银行出售的股票看跌期权提供了另一个例子，与CDS相对类似。

在 2007 年至 2008 年期间，多数大型经销商银行同时经历了股价的大幅下跌，那些银行是银行信用违约互换的净卖家，这给它们的客户带来了令人担忧的错向风险。一个极端的例子是，一家银行以自己的名义出售看跌期权。

新兴市场投资者的外汇对冲互换　自 2000 年以来，新兴政府债券市场大幅扩张，这与这些成功的新兴市场经济体的优秀表现是相关的（这些成功的新兴市场经济体超越了最初的金砖四国：巴西、俄罗斯、印度和中国）。多边开发银行（MDBs）等保守投资者通常会用本币购买这些债券作为其流动性投资组合的一部分，并通过互换将其兑为美元、欧元或其他货币。它们的互换交易对手方可能是当地银行或大型跨国银行的当地子公司（这些子公司并没有得到母公司的明确担保）。多边开发银行将在对冲货币互换（接受浮动利率美元和支付固定利率新兴市场经济体货币）中面临错向风险：如果一国的表现显著恶化，那么作为互换交易对手方的当地银行的信用质量也极有可能恶化；与此同时，当地货币对美元可能贬值，因此对冲互换（当地银行支付当地货币）的价值对于多边开发银行一方来说是增加的，因而对当地银行的风险暴露也增加。

专栏 2　美国国际集团（AIG）案例中的错向风险

　　AIG 是一家拥有 1 万亿美元资产的全球保险和金融公司。2005 年它被三家评级机构评为 AAA 级，然而仅 2008 年就亏损 990 亿美元。2008 年 9 月 16 日，美国财政部、美联储不得不出手拯救以免其破产。两项业务导致了它的破产：（1）住房抵押贷款支持证券（Residential Mortgage Backed Securities，RMBSs）和房地产债务抵押债券（Collateralized Debt Obligations，CDOs）的自营投资；（2）通过信用违约互换（CDSs）出售信用保护（2008 年名义总价值为 5270 亿美元）。在总共 990 亿美元的损失中，这两条业务线在 2008 年的损失为 500 亿美元，仅抵押贷款相关债券的 CDS 就达 290 亿美元。事后看来，从 AIG 购买 CDS 以获得房地产保护的交易对手都暴露于错向风险。AIG 的房地产风险暴露过大且过于集中，随着 AIG 房地产亏损的不断增加，AIG 承保的信用违约互换的 MtM 也在增加。

截至 2007 年底的房地产风险暴露（10 亿美元）

	AIG（美国国际集团）	Citigroup（花旗集团）	B of A（美国银行）
房地产风险暴露总额	380	475	569
占调整后资产的百分比（%）	24	21	32
占权益百分比（%）	397	418	388

在大多数场外衍生品交易中，错向风险可能仅仅来自交易对手对某种风险的过度集中。如上所述，场外衍生品合约中交易对手的 MtM 损失，无论是货币互换、卖出的股票看跌期权、大宗商品远期还是 CDS，其本身不产生错向风险，而是这种损失会妨碍交易对手的融资能力，从而导致错向风险的发生。这些交易本身不会引起错向风险的原因在于交易对手方分散了它们所面临的风险。然而，如果交易对手在同种风险上积累了大量头寸，错向风险就不可避免了，典型的例子是 2007 年至 2008 年的金融危机期间，AIG 和 Monoline insurers 公司大量出售信用保险（见专栏 2）。

4.2　错向风险的度量

错向风险的影响应该反映在对一个衍生品的预期损失的衡量（CVA，信用价值调整，将在"信用与负债价值调整：CVA 和 DVA"章中详细介绍）以及对最坏情况下的损失度量上（即场外衍生品的监管资本金）。在这两种情况下，我们需要做的是在两个指标之间建立一种代数或统计上的明确联系：一个指标衡量风险暴露，另一个指标衡量违约概率。

让我们说得更具体些。我们在"信用与负债价值调整：CVA 和 DVA"章中将看到，对于两个实体 A 和 B 之间的衍生品投资组合，从 A 的角度来看，CVA 的基本公式是

$$CVA_A^B(t) = -LGD_B \sum_{t_i=t}^{T-1} PD_B(t_i, t_{i+1}) EE_A^B(t_i)$$

其中，LGD_B：实体 B 违约造成的损失 $PD_B(t_i, t_{i+1})$：B 在时间 (t_i, t_{i+1}) 区间违约的概率；

$EE_A^B(t_i)$：在 t_i 时刻 A 对 B 的预期风险暴露，包括所有净额集内的衍生品；

T：组合的到期日，即净额集中拥有最长期限的工具的到期日。

错向风险的建模包括在计算 $EE_A^B(t_i)$ 和 $PD_B(t_i, t_{i+1})$ 的未来估计值时建立二者的联系。

例如，一个 CDS 投资组合（购买了对一个实体或一组高度相关实体的违约保护）：

如果未来 $EE_A^B(t_i)$ 值通过估计以下因子得到：

● 从多个风险因素的未来模拟值中获得的 CDS 中的基础实体（已购买了违约保护的实体）的未来违约概率；

● 根据利率的未来路径提供的折现因子所计算出的风险暴露的现值。

则 $PD_B(t_i, t_{i+1})$ 的未来值，即销售 CDS 的实体 B 的违约概率，应根据风险

因子的未来值进行估计。这样可以使与决定基础交易对手违约概率的因子等同于特殊因子。

此外，人们还可以考虑将利率值作为违约概率的决定因素（在经济危机的情况下，随着所有经济部门违约率的上升，利率通常会下降）。

注释

1. 在 2016 年的经济背景下，由于欧洲的负利率，人们对利率工具的付款方向提出了疑问。值得注意的是，在互换市场，按照市场惯例，负 Libor 或 Euribor 利率可以扭转支付的方向，而支付 Euribor 的一方实际上是在收钱，而具有负可变指数的浮动利率债券的利息始终为正。

2. BCBS：《巴塞尔协议 II 在银行交易业务中的应用和双重违约的处理》，2005 年 7 月（BCBS 2005）。

3. 巴塞尔银行监管委员会，《巴塞尔资本协议：表外项目的潜在风险处理》（巴塞尔，1995 年 4 月）。

4. BCBS，巴塞尔协议 III：更加稳健的银行和银行体系的全球监管框架，2011 年 6 月。

5. J. Hull 和 A. White，"Libor 和 OIS：衍生工具贴现困境"，2013，投资管理杂志（Journal of Investment Management）（Hull 和 White 2012）。

6. JP 摩根，错向暴露，风险 1999 年 6 月；Finger，C.，"对错向信贷风险的更好估计，"金融风险杂志（Journal of Risk Finance），2000。

7. 2001 年 9 月 7 日，从 ISDA 政策总监 K. D'Hulster 到 Models Task Force 交易对手风险小组主席 R. Gresser。

8. M. Pykhtin 和 A. Sokol："在系统影响下的暴露，"风险，2013。

本章参考文献

BCBS. (2005, July). *The application of Basel II to trading activities and the treatment of double default effect.*

Hull, J., & White, A. (2012). LIBOR vs. OIS: The derivatives discounting dilemma. *Journal of Investment Management* 2015, draft April 2013.

Pykhtin, M., & Sokol, A. (2013). Exposure under systemic impact. *Risk, 26.*

再论担保品的作用

摘　要：本章讲述衍生品市场中关于担保品的实践。担保品在一开始被引入是为了防止交易对手的潜在违约，现在已经发展成为一种艺术：选择现金或证券作为担保品，可以解决争议、最小化成本。由提供担保品或追加保证金风险的义务而产生的流动性风险导致了几家大公司的倒闭［如已被提及的德国金属公司（Metallgesellschaft）案例］。2008 年后的监管明显收紧了担保品提供规则，以改善在抵御违约风险方面的缺点。本章讲述了监管如何在担保品重复使用（即再抵押）的实践中保留灵活性，以帮助担保品"流通"且保持可用，从而帮助参与者最大限度地降低其成本。

关键词：抵押金额（已收到或已过账）　追加保证金　变动保证金初始保证金　ISDA 主协议　中央清算对手（CCP）　信用支持附件（CSA）有资质的工具　阈值　独立金额（IA）　互换终端用户互换交易商保证金风险期估值折扣　再抵押　隔离

1　担保品的意义

1.1　概念：交易对手风险的动态对称保护

20 世纪 70 年代末 80 年代初，随着利率和汇率波动成为常态，衍生品被引入市场以应对管理市场价格风险的需要。衍生品很快成为资本市场不可或缺的组成部分，与此同时，由于衍生品只是双方之间的合约，合约的价值随着时间的不断变化，必须避免违约的可能性。

提供担保品是避免衍生品合同中的一方违约的最有效方式。此外，由于衍生品合同的价值会随时间动态变化，由此参与方的风险暴露也随时间动态变化，担保品能减少这种合约价值变化所带来的违约可能性。

衍生品合约的一方提供担保品意味着转移一定数额的现金或流动证券给其交易对手，这个数额等价于合约的价值，当合约价值变为负的时候，代表索赔和对交易对手的风险暴露。

衍生品合约的价值在其生命周期内不断变化（参见"交易对手信用风险暴露概述"章）：MtM 会有大波动并可能改变符号。因此，担保品的交付也必须是动态的。如果交易未清算（即未与 CCP 清算），场外衍生品合约的双方将不得不在交易有效期内相互交付担保品以控制违约风险。

场外衍生品合约的双方通常包括终端用户（机构投资者、企业、金融机构）和衍生品交易商。我们将在本章后面看到，作为每笔交易参与方的衍生品交易商在集中担保品流动方面发挥了特殊作用。

如果是期权，则其初始 MtM[1] 是支付的一笔期权费；如果是期货或者互换，则没有初始价值（MtM 为 0）。

例如，当 B 买入道琼斯指数的 1 年期场外看涨期权时，其交易对手 A 将在初始日期向 B 支付期权的 MtM，同时从 B 那里收到这份看涨期权，其初始 MtM 等于已生效的付款。该期权从第一天就有风险暴露，因为该期权开始时 MtM 为正值。所以 B 必须从一开始就向 A 提供担保品。如果担保品是以现金支付的，B 将部分期权费转回 A。

至于互换，它们通常以零值开始。在固定与浮动美元利率互换中，固定利率通常会被设置为使互换在初始日期的价值为零的值。这样一开始不需要付款，也不会有风险暴露或抵押付款。

但是在初始日期之后，互换合约的 MtM 会不断地变化。对于双方来说，根据 MtM 的符号情况，互换合同可能代表一种风险暴露，也可能代表一种债务。这种对称特征是交易对手信用风险暴露的关键方面之一。每当 A 有一个正的 MtM，如果 B 违约，A 对 B 的交易对手信用风险暴露将遭受资本损失，损失的额度等于 MtM。为了冲抵这一风险，互换合约要求 B 向 A 提供与 MtM 相等的现金或证券担保品。[2] 当 MtM 增加时，A 要求额外的担保品，而 B 必须回应这个担保品要求（即变动保证金要求）（见图 1）。如果 B 不接受追加保证金的要求，B 就会违约，但 A 已经获得的担保品能冲抵一大部分 MtM。

1.2　采纳：抵押物作为场外衍生品的标准

担保品在场外衍生品市场早期就已出现。保证金是期货和期权交易的一个基本特征，担保品开始使用于场外衍生品交易中，之后逐渐发展成为互换交易商和互换市场参与者普遍认可的一套标准合约条款。成立于 1985 年的国际互换与衍生品协会（International Swap and Derivatives Association，ISDA）[3] 是其中的代表性主体，在过去 30 年间，它一直在讨论并采纳该标准。

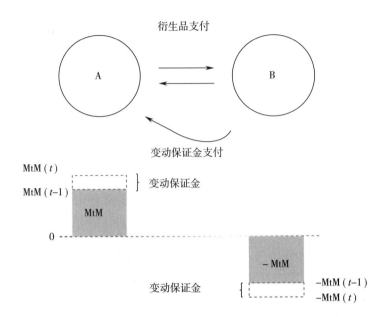

图1 由于追加抵押品通知（变动保证金）而产生的额外支付流

用 ISDA 自己的话说，它致力于让全球衍生品市场更安全、更高效，显著降低信用和法律风险。随着透明度的提高和基础设施的完善，降低交易对手信用风险成为目前关键的优先任务。1994 年发布的第一份 ISDA 主协议为所有场外衍生品交易合同确立了法律标准，特别是为信用支持附件（CSA）确立了标准（CSA 是合同中所有与信用风险和担保品相关的条款）。[4] 迄今为止，1994 年 ISDA 主协议成为很多惯例和规章的参照。这些规章在 ISDA 的指引下不断与时俱进，在 2007—2008 年的危机之后，很多规章发挥了后危机时期应有的作用。

在 2013 年之前，互换和衍生品市场参与者广泛使用担保品，且使用量持续增长。附图 1 为 1999—2013 年 ISDA 对场外衍生品市场担保品数量的调查统计。它们的走势随衍生品交易的增长而增长。然而，2008 年之后，金融危机的影响以及 CCP 的引入，使担保品从场外市场消失。根据 ISDA 的统计，截至 2013 年年底，有 147 562 份双边抵押协议（2005 年为 70 892 份），其中 90% 为有抵押协议（2006 年为 59%，2003 年仅为 30%），场外非清算交易的流通担保品估计价值 3.2 万亿美元。2015 年场外衍生品的未偿还总额实际上是减少的（参见"重建衍生品市场：2008 年以后的目标"和"交易对手信用风险暴露概述"章），担保品数额也会相应减少。

互换交易商、银行、证券公司、机构投资者（资产管理公司、共同基金、保险公司和养老基金、对冲基金）以及政府机构通常会在场外衍生品交易活动中使用抵押协议（在每一个类别中，拥有 CSA 的实体的比例都在 81% ～93%）。然而，在包括企业在内的非金融机构中，只有约三分之一拥有 CSA。

担保品的使用在证券化借贷市场十分普遍。在回购协议中，借款人从市场交易对手那里借入现金，同时发行有价证券（通常是政府债券）。这使得借款人能够以最低的风险从借款息差中获利。

在期货或期权交易所交易衍生品或通过 CCP 清算时，必须提交担保品或保证金。参与者提供初始保证金，然后随着他们的 MtM 变化，支付变动保证金。人们不会收到交易所或 CCP 提供的担保品，但交易所或 CCP 会从交易对手那里收集担保品，从而可以为违约提供担保。

1.3 现实：CSA 中的关键条款

在本节中，我们将探究 CSA 中有关担保品管理的规则。我们针对这些规则提出两个问题：

（1）它们是否有效地避免违约？

（2）它们是否做到了保护成本最小化？

CSA 中是这样声明的：

（1）范围：MtM 和最终风险暴露的计算基于交易的净额集；

（2）风险暴露：净额集中包括的所有未偿付互换和衍生品的 MtM。MtM 的计算基于决定 MtM 的所有市场变量的公开来源的中间价（mid－market value）；

（3）变动保证金的支付周期：自 2008 年以来每日公布；

（4）被接受的合法工具（通常是现金或政府债券）。

担保品价值并不严格等于 MtM。通过设置阈值，可以将风险暴露降低到 MtM 以下；通过强制支付独立数额（Independent Amount，IA），担保品价值可以超过 MtM。阈值和 IA 取决于交易对手的信誉（以其评级衡量）。

CSA 中的阈值和 IA 取决于评级，但市场参与者也可以根据实体本身的性质进行判断。有时，市场参与者可能对交易对手风险的感知能力超出评级机构的评级。例如，互换终端用户认为交易商银行的 AAA 级衍生品子公司或 AAA 级特殊目的实体的风险高于 AAA 级金融公司（见表 1）。

阈值的含义是，当 MtM 低到该值时，担保品将被转移给对手方。只要风险暴露保持在低水平，就可以避免现金和证券转让，从而减轻抵押过账的操作负担。AAA 评级的实体将获得最高阈值（某些实体除外，见上文），特别优异的AAA 级实体（例如政府或国际金融组织）通常会受益于没有限制的阈值（即无须提交担保品）；同样，最低转移金额指引发变动保证金的最小 MtM 变化，它通常设定在 100 万美元或更低的范围内。典型的阈值规模见表1。

表1　　　　　　　　各类互换终端用户的阈值和独立金额规则　　　　单位：百万美元

等级	阈值			
	独立金额（IA）			
	商业银行	券商	衍生品子公司	保险公司
AAA	300	100	100	100
AA +	250	80	0	80
AA	200	60	0	60
AA −	100	40	0	40
A +	50	20	0	20
A	25	10	IA	10
A −	10	0	IA	IA
BBB + 及以下	IA	IA	IA	IA

　　根据 CSA 的条款，IA 的支付主要针对评级较低的实体（通常为 BBB + 或 BBB）。它是对交易对手违约的一种基本保护，自 20 世纪 80 年代互换市场出现以来，这种过度担保机制就已很常见。最初，IA 只适用于衍生品市场的终端用户，尤其是对冲基金或信用评级较低的用户，以保护长期以来信用质量和评级良好的交易商银行。ISDA 在其 2010 年 3 月关于 IA 的白皮书中概述了 IA 的目的——旨在防范衍生品抵押交易的剩余信用风险，这些风险可能发生于四种典型情况（见专栏1）。

专栏1　IA 覆盖的剩余信用风险

　　1. 当市值波动发生时，在计算、催缴和结算新的担保品金额之前会有一段时间的延迟。

　　2. 当交易对手违约时，不会再发生担保品变动，但信用风险暴露可能会继续增加，直到未违约方结清相关风险头寸。

　　3. 担保品协议通常包含一些结构性特征，旨在确保各方尽可能少地转移担保品，降低成本和精力消耗。

　　4. CSA 条款下的担保品转让基于基础衍生品合约的中间价，而一方因另一方违约造成的损失可能发生在市场买卖双方中的任何一方。因此，担保物和风险暴露之间的一些差异总是可以预料到的，这一点在产品的价差特别大的情况下表现得更加明显。

　　资料来源：ISDA 关于 IA 的白皮书，2010 年 4 月。

IA 作为交易对手风险缓释工具的最直接用途是在保证金风险期防范 MtM 的潜在增长（防止 MtM 远远超出所持担保品价值的范围）。这种风险是通过 10 天或 20 天的未来潜在风险暴露（PFE）衡量的。

因此，互换合约的终端用户将根据 PFE 计算结果来决定 IA 的值。由于 PFE 估计值需通过专有模型计算，模型的选择可能不同，有的模型也可能不被另一方接受，因此 CSA 采用双方认可的简化的近似公式进行估计。

事实上，2016 年 9 月发布的美国保证金监管规定（见"重建衍生品市场：2008 年以后的目标"章）要求，交易商之间必须交换初始保证金，其金额等于保证金风险期计算的 PFE。这意味着，两家互换交易商之间的 IA 已成为强制性规定，初始保证金金额无法抵消。这一要求应用于所有的交易商间市场，互换交易商就初始保证金金额达成协议成为一项基础性规定。未清算衍生品的标准初始保证金模型（SIMM），是一种计算风险保证金期间 PFE 的开源模型，得到了美国主要互换交易商的支持。SIMM 使用一个互换交易商共同认可的简化公式来估计初始保证金，从风险管理视角来看，其促进了 CCR 风险度量标准的简化和标准化，是业界的一项突破性努力。

2 管理担保品的艺术

2000 年以来，由于互换交易商的信誉不断恶化，担保品的提供越来越受到各界的重视，担保品管理变得越来越苛刻。对许多银行而言，担保品管理已从后台流程转变为关键的前台财务职能。

担保品管理有两个方面的要求，这两个要求密切相关：在收到担保品时获得有效的保护；提供担保品的成本最小化。

2.1 接收担保品的艺术：信用支持金额（The Credit Support Amount）

除非交易双方的一方规模显著比另一方小，否则接收担保品的数额（信用支持金额）由担保品接收方作为估值代理来确定。计算过程包括以下步骤：（1）计算净额集中被 ISDA 合约所覆盖的衍生品组合的 MtM；（2）计算将证券作为担保品，其 MtM 会变动多少（净垫头[①]）；（3）确定新的无抵押风险暴露，并根据阈值和最低转移金额条款计算担保品要求。净额集不仅包括固定收益证券、股票、

---

① 译者注：垫头（haircut）指证券的市场价值与其抵押价值之间的差额。在出现清理担保品的要求时，资金的放款方通常采用垫头来保护自己免受证券市场价值下降所带来的风险。

外汇、大宗商品和信用衍生品（ISDA 分类），还包括结构性衍生品、混合产品、天气或巨灾避险工具。

2.2　接收担保品的艺术：解决争议

一些复杂和低流动性的工具更容易发生估值上的不一致，这会引起争议（见图 2、图 3）。大型互换市场参与者一般每周都会面临争议。通常，这些都是善意争议，在一两个工作日内就能解决。但有时交易的一方可能会试图无限期延迟交付任何担保品（恶意争议），在这种情况下，其前台部门或者在必要时高管人员将首先得到警告，并设法以非正式的方式解决争议。如果不能以非正式方式解决，则使用 CSA 争议解决办法，而这通常是双方都希望避免的。

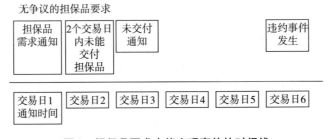

图 2　担保品要求未能实现事件的时间线

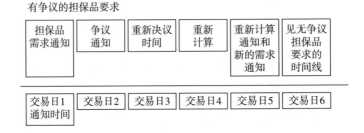

图 3　有争议的担保品要求的时间线

如果对担保品的需求已经于通知时间发出，并且交易对手未能在下一个工作日结束前交付担保品，则担保品接收方可能会启用违约事件处理程序，然后需要首先通知担保品交付人交付失败。如果交易对手在收到通知后的两个工作日内仍未交付，则违约发生。由于对手方的违约，担保品接收方有终止 ISDA 协议的权利。这是"无争议的担保品要求"。

然而，担保品交付人可以选择正式地对所需金额提出争议，这就是"有争议的担保品要求"。在这种情况下，必须在通知时间的下一个交易日结束前发出争议通知。

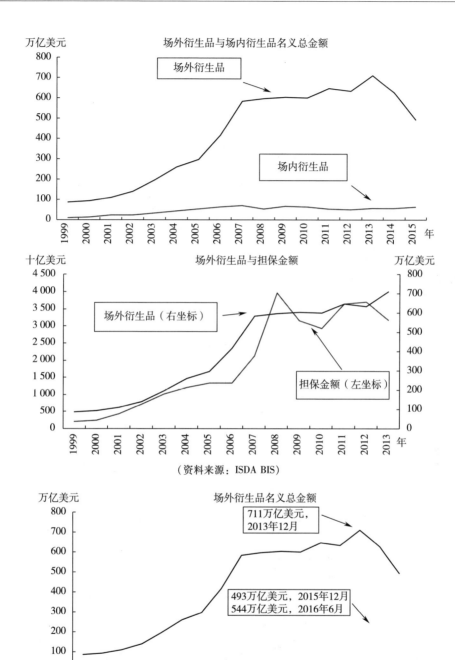

附图1 场外衍生品和担保品总额的演变

（资料来源：BIS 衍生品统计；ISDA 2014 年和 2006 年的调查）

双方必须在重新决议时间（收到争议通知起的下一个交易日下午 1：00 前）解决争议。如果在重新决议时间前没有得到解决，担保品接收方必须从 4 家经销商银行获得 MtM 的 4 个报价，重新计算 MtM 的算术平均值，然后根据这个新的 MtM 重新发出一个担保品需求。然后，担保交付人必须根据"无争议的担保品要求"的时间线交付担保品。

2.3　接收担保品的艺术：有资质的工具

CSA 指定了被认为是合格担保品的工具列表（见表 2）。《2014 年 ISDA 保证金调查》提供了关于清算和未清算衍生品交易担保品的信息。以美元和欧元计价的现金仍是场外衍生品的主要担保品形式，政府债券在某种程度上具有和现金等价的性质而被接受。从交易对手信用保护的角度来看，只要是能够快速、安全地转换为现金的证券（即高度安全和高流动性），都是可以接受的。在 2007 年和 2008 年危机期间，过去被认为和政府债券一样安全的 AAA 级证券的信用质量和市场接受度都急剧恶化，这导致有担保品资质的工具范围大大缩小。表 2 给出了各类担保品所占比例，美国政府支持的实体（房利美、房地美等）占据了"其他证券"（占比 10.3%）的 16%。在 ISDA 2006 年的一份调查中，21% 的受访者表示他们接受机构票据作为担保品。

表 2　　　　　　　　　　非清算和清算交易收到的担保品构成

2013. 12. 31		场外衍生品	
		非清算	清算*
现金		74.9%	66.6%
	美元	31.7%	60.5%
	欧元	36.5%	4.5%
	日元	2.4%	0
	英镑	1.9%	1.1%
	其他	2.5%	0.3%
政府债券		14.8%	30.8%
	美国	4.3%	23.3%
	欧盟	3.0%	0
	日本	2.9%	0
	英国	1.6%	1.1%
	其他	3.0%	6.4%
其他证券		10.3%	2.6%

*达到初始保证金要求。

资料来源：《2014 年 ISDA 保证金调查》。

当接受有价证券作为担保品时，一个基本的考虑是要防止违约发生时其市场价格下跌。为了应对这种担忧，担保品的接收方会提出附加金额要求（即超过 MtM 的部分，称为"垫头"）。

"垫头"是针对作为担保品的有价证券的一种估值折扣，它主要用于弥补：

（1）市场价格突然下跌的潜在风险；

（2）低于政府债券（流动性最强）的流动性。

关于第（1）点中提及的市场价格风险，到期日越长的证券（更长的久期），应该有更高的"垫头"。到期日超过 10 年的债券甚至可以有超过票面价格 10% 的"垫头"。

"垫头"的决定还与交易对手的信用质量有关，包括绝对信用质量和相对于提供的证券（包括政府债券）的信用质量。

例 1：

某债券有 5% 的"垫头"

债券的票面价值：$ 40 M

市场价：102

债券的市值：$ 40. 8 M

"垫头"：$ 2. 04 M

担保品价值：$ 38. 76 M

从尽量减少提供担保品的成本的角度来看，收到的担保品的信用质量和流动性也很重要。

2. 4 交付担保品的艺术：最小化成本

单独来看，交付担保品的行为意味着成本，因为担保品的交付（如果是现金）或转移（如果是有价证券）必须通过借贷或购买（见图 4、图 5）。

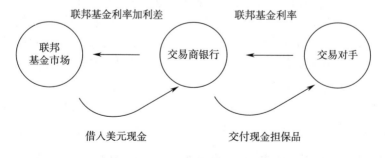

图 4 交易商银行借款并交付现金担保品

　　图4中的交易商银行使用现金作为担保品（占场外衍生品担保品的75%）。根据市场惯例，交易商支付的利率是联邦基金利率，这是银行之间在无担保的基础上隔夜拆借的平均利率。如果交易商银行的信用质量低于平均水平，则其将支付高于联邦基金利率的利息。同样的情况也适用于欧元标价的现金（EON-IA利率替代联邦基金利率）。

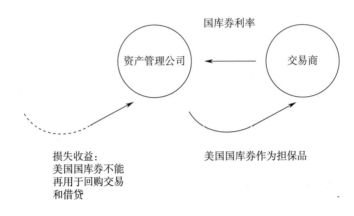

图5　资产管理公司将美国国库券作为担保品

　　资产管理公司决定从其投资组合中拿出美国国库券作为担保品，但这样做的话就失去了利用美国国库券在回购交易中借入资金并投资于短期（非政府）证券所能获得的回报。此外，资产经理也会面临流动性问题，因为不再能通过回购交易获得融资。

　　在所有可以作为担保品的证券中，资产管理公司或任何金融机构通常会选择交付成本最低的证券。"最便宜交割"将根据几个标准来确定，如流动性或作为证券担保品的可接受性。已经被交付的证券可以继续作为担保品进行再抵押（详见后文）。

　　在担保品的交付过程中，"垫头"发挥了重要作用。值得注意的是，在信用支持金额相同的情况下（特别是"垫头"和阈值相同时），如果一个交易商银行只履行经纪职能（所有的衍生品头寸都完全对冲），那它将会希望接收的担保品数额等于将要交付的担保品数额。但这些条款在交易对手之间可能有所不同，造成不对称。[5]无论在任何情况下，每一个衍生品市场参与者都应集中管理所收到的担保品的净头寸。自2008年以来，交易商银行和金融机构高度重视资产负债表上担保品的管理，因为这可能对其整体融资及流动性状况产生重大影响。

2.5　交付担保品的艺术：再抵押

　　为了通过最优化管理担保品流动来降低抵押成本，将从出质人（担保品的付出方）处获得的证券供质权人（担保品的接收方）再次进行抵押是很重要的。但这种再抵押权必须在 ISDA 合约（CSA）中给出。

大多数 ISDA 合同是根据纽约法律（47.6%）或英国法律（28.3%）建立的。[6]这导致了两种不同的法律基础。

根据英国法律，担保品的转让是所有权的转让。既然是所有权的转让，那么在一定的限制下，质权人可以按他们的意愿处理接收到的证券。这种证券可以作为担保品重新抵押，甚至出售。但是，质权人有义务返还等同的担保品，这被称为"替代"，应由双方同意。[7]

根据纽约法律，担保品的转让是一种质押。出质人仍然是证券或现金的所有者，质权人仅会获得某些权利，如"出质人违约时获得所有权"。再抵押权必须由出质人在 CSA 中明确给予。

担保品的再抵押是一种标准做法，但它需要市场参与者具有一定的操作能力。例如，对于习惯上重复使用质押证券作为担保品的公司来说，有必要在所有收到的证券中区分出质人已授予再质押权的证券与未授予再质押权的证券。

再抵押让担保品能发挥现金的作用。等量的担保品可以支持多笔不同的交易，因此可以考虑用与货币流通类似的方式重复使用担保品。值得注意的是，IMF 经济学家 Manmohan Singh 对这方面进行了分析。据 Singh 估计，2007 年担保品总额为 10 万亿美元，2010 年为 5.8 万亿美元。[8]Singh 一直致力于探究支持场外衍生品和回购交易的担保品的可获得性。高盛财务报告摘要（见表 3）展示了一家交易商银行将如何报告其在担保品管理方面的活动，这份报告也显示了其担保品规模（高盛大约为 300 亿美元）。

表 3   **2015 年 6 月高盛担保品再抵押活动报告**

下面列出了以公允价值计量的作为担保品的金融工具，这些金融工具可由公司用来再抵押。	
2015 年 6 月（单位：千美元）	
可用于再抵押的担保品	33 653 567
用于再抵押的担保品	28 993 717

截至 2015 年 6 月，该金额不包括根据转售协议收到的 4.962 亿美元证券，这些证券在合同中有权被交付或再质押，但被隔离以满足某些监管要求。

资料来源：GOLDMAN SACHS EXECUTION & CLEARING, L. P. Notes to Statement of Financial Condition（Unaudited）高盛公司财务状况报表附注（未经审计）。

3   担保品的缺点和追加保证金风险

担保品不能完全消除交易对手风险。根据目前的市场实践，场外交易市场的担保机制并不能完全防范交易对手违约。担保品天生就有许多缺陷，我们将在第一部分讲述这些缺陷。除此之外，即使这些缺陷得以解决，风险也不会因此消失。担保品实际上是将交易对手信用风险转化为成本——运营成本、法律成本和融资成本。更令人担忧的是，风险本身并未消失；相反，它演变成另一个风险：流动性风险。

3.1 抵押的缺陷

3.1.1 重置风险和 PFE

担保品提供的担保的第一个局限与违约后立即发生的事情有关。根据 ISDA 合同的条款，除了再决议的情况外，所有衍生品合约，如果一方违约，都必须终止。对于面临交易对手违约的实体，所有这些终止的衍生品都存在于其资产负债表上，这个衍生品头寸必须尽快被另一个在特性上与之匹配的头寸所替代，所有 MtM 的敏感性指标如 delta、gamma 等，必须调整到之前的水平。此外，MtM 本身也必须恢复到相同的水平，避免任何损失。

违约发生时，实际上是给实体产生了一个未平仓交易，重置违约头寸不是立即进行的。一方面，交易商银行将在有限数量的工具和市场上进行交易，以在投资组合的基础上对头寸进行全面对冲。另一方面，一些金融机构可能不得不分别重置数百种互换或衍生品投资组合中的每一种工具。

当发生违约的衍生品被对冲或重置时，实体会暴露于不可控的市场风险之下，这一关键时期被称为风险的重置期或保证金风险期。监管机构建议，如果是标准互换和衍生品，可以把这段时间估计为 10 个交易日；如果是结构化工具或低流动性工具，则估计为 20 个交易日。

一个 MtM 为正的实体，其风险暴露为正，即使在违约时已经完全抵押（假设阈值为 0），在该头寸可被重置之前，该实体也会面临其 MtM 相对于所持有的担保品大幅增加的风险。

如果该头寸的 MtM 在违约时为正值，幸存实体必须向交易商银行支付 MtM，以替换违约的交易对手方。幸存实体持有与该 MtM 相等的担保品，但它也暴露在重置风险之下。最终，重置成本为幸存实体为重置该头寸付出的超出持有的担保品价值的金额。

重置风险是通过计算保证金风险期的 PFE 来衡量的，所以要么是 10 天的 PFE，要么是 20 天的 PFE。金融机构通常会在 95% 或 99% 的置信水平下计算 PEF。

重置风险是不能被担保品覆盖的交易对手信用风险部分，除非在 CSA 中添加了 IA。如果交易对手的信用评级低于某个门槛值，则会设置 IA。独立金额是对重置风险的良好规避，但这是基于违约的对手方在违约前的信用评级低于设置 IA 的门槛值的假设。IA 通过一个表示 PFE 近似值的公式来定义，但如果违约的交易对手信用评级未低于门槛值，则不能使用该公式。雷曼兄弟在破产前的评级（标准普尔：A；穆迪：A2；惠誉：A＋）没有触发 IA。美国于 2016 年 9 月生效的新保证金规定，在交易商间市场，必须以 IA 作为初始保证金。

除了用 10 天或 20 天的 PFE 来衡量的市场风险外，重置成本还可以反映其他几个方面。例如，即使 MtM 不变，由于买卖价差显著扩大，向新交易商银行支付的金额也可能远远高于中端市场的 MtM，而幸存实体持有的担保品是根据中端市场 MtM 计算的。如果要重置的互换是结构性的、定制的或不常见的交易，这一点将更加明显。雷曼兄弟经常涉足结构性票据市场，也就是中期票据（MTN），特别是内嵌复杂日元汇率期权（以及美元、欧元或其他）的票据。雷曼兄弟破产后市场的混乱程度非常大，以至于重置这些合约所需支付的金额，在很大程度上超过了任何估计的 20 天期 PFE（见图 6）。

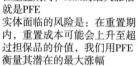
当违约发生时，互换终止
具有正的MtM的实体对违约的对手具有索赔权
但该实体需要先对冲这份互换
ISDA条款规定，索赔的价值是在一个合理时间区间内的平均报价但在违约发生后，互换的MtM可能上升至超过所持担保品的价值
在重置期内，MtM的最大涨幅就是PFE
实体面临的风险是：在重置期内，重置成本可能会上升至超过担保品的价值，我们用PFE衡量其潜在的最大涨幅

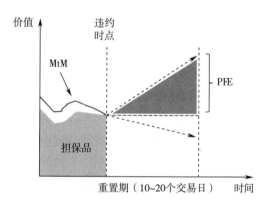

图 6　重置风险和 PFE

另一个例证是，由于违约对手方在违约前降级为 BBB＋，触发了 IA 条款，显示了 IA（定义 IA 为 10 天或 20 天的 PFE）的有效性（见图 7）。

负的 MtM 也会导致风险暴露和损失，因为在重置期间，MtM 可以增加到正值，而此时没有收到担保品（见图 8）。

3.1.2　已交付担保品的信用风险

交易对手信用风险具有内在的对称性。在互换的整个生命周期中，一个实体可能会经历 MtM 为正值、必须关注其风险暴露和所收到担保品的时期。然而，在未来的某个阶段，同样的实体，在同样的互换中，可能会有一个负的 MtM，反过来，会付出担保品。这些以现金或政府债券形式向交易对手提供的担保品，本身就构成违约风险暴露（见图 9）。

在违约前，交易对手的信用
评级降至BBB+
按照CSA中关于IA的条款，
交易对手交付的衍生品价值
应该为MtM加上IA
IA数额的确定通常基于互换
的投资组合，例如10天或20
天的PFE
如图所示，IA提供了对重置
风险的有效保护，幸存实体
拥有的担保品价值为MtM加
上PFE

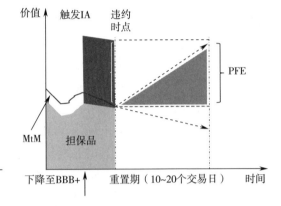

图7　重置风险、PFE 以及 IA

当违约发生时互换终止
具有负的MtM的实体必须向
违约的交易对手进行支付
该实体会获得交易商银行的
支付来重置互换
该实体希望通过新的互换交
易对手来继续获得支付，免
受价格风险
当MtM在重置期内变正时，
该实体依然面临风险
只有当互换的MtM负得足够
多时，重置期间才有足够的
缓冲

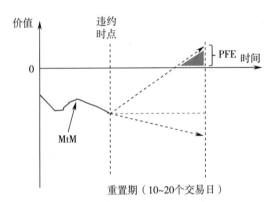

图8　当违约发生时 MtM 为负的实体的重置风险

当违约发生时互换终止
假设违约时有一个负的MtM
假设实体付出的现金或证券
担保品可以被再抵押
对现金或证券担保品没有保
护，尤其是当再抵押时
具有负MtM的实体通常会付
款给违约的对手方
但如果MtM在重置期发生变
化以至于应付账款比担保品
的价值还少
这时给付担保品的实体有权
利要回一部分担保品
与重置成本有关的担保信用
风险，可以通过类似PFE的
方式衡量

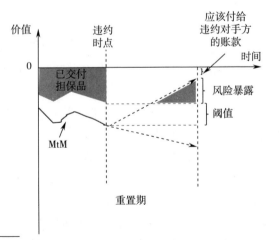

图9　对已交付担保品的交易对手风险暴露

如果提交给违约对手方的担保品是现金，则幸存实体与其他所有债权人一样，对破产对手方的净残值享有索赔权。该实体遭受了违约损失，努力通过索赔追回。如果提交的担保品由证券组成，那么也同样会遭受违约损失（除非已经创建了一个强健的隔离机制），如果这些证券已经被再抵押，那情况更加糟糕。

当然，我们必须知道，提供给违约交易对手方的担保品的价值与负 MtM 相同，只有在其担保品已被归还的情况下，幸存实体才会向违约对手方支付该负 MtM。但是，这个看似等价的交易在重置期可能会发生很大的变化：幸存实体必须找到新的交易对手以取代互换中违约的一方，但在重置期 MtM 可能发生变化，最终幸存实体需要支付的金额可能会低于其给出的担保品的价值。因此，幸存实体会对违约的交易对手提出净索赔，而这很可能只能部分收回（见图 9）。

对于这种已交付担保品的交易对手风险，当担保品价值等于负 MtM（减去阈值）时，我们可以用类似于有担保的互换信用风险暴露的方法去衡量，即用 10 天或 20 天的 PFE（见图 9）。

对于超过 MtM 的担保品交易对手风险，例如 IA 或初始保证金，则以直接暴露的方式计量。在这种情况下，担保品出质人承担全部风险，在担保品接收方违约的情况下，只有无担保索赔权。

3.1.3 再抵押与隔离

再抵押的广泛使用进一步加剧了已交付担保品的交易对手风险。当获得再抵押权的证券被作为担保品交付给交易商银行后，它们极有可能在违约发生时被再次利用。为了追回这些证券，出质方别无选择，只能继续追踪其连续的再抵押。图 10 展示了金融机构向互换交易商交付的美国国债如何在金融体系中流通。在 2008 年雷曼兄弟破产的过程中，雷曼兄弟的许多客户像往常一样提供担保品，其中很多对冲基金都很难取回它们所提供的资产（见图 10）。

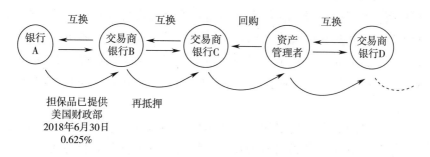

图 10　担保品的流通

2009 年后的监管改革尝试通过 CCP 进行集中衍生品交易，以此消除再抵押。CCP 会集中所有收到的担保品但不进行再抵押。然而，很大一部分衍生品交易仍不通过 CCP 进行，再抵押的问题要怎样才能解决呢？

在场外衍生品市场中，想要降低已交付担保品交易对手风险的终端用户可以采用隔离的办法。当与经销商银行进行 CSA 谈判时，可要求隔离它们发布的担保品，这能有效地免遭交易商银行破产的风险。事实上，美国（《多德—弗兰克法案》）和欧洲（EMIR）2008 年后的监管要求互换交易商告知其交易对手，它们有权要求初始保证金与独立第三方隔离。

担保品的隔离有三种形式：

——收质方账户上的隔离（然而，在破产的情况下，担保品仍有可能失去）；

——第三方托管协议中的隔离：在第三方托管协议中，由一方指定的独立（非附属）银行持有所收到的担保品，并提供安全保管服务；

——三方担保品账户隔离：第三方托管银行（最好是评级较高的）与双方签订三方合同，作为担保品的保管者和管理者。

《ISDA 独立金额报告》强调，三方托管协议是用户在交易对手方经销商银行违约时免受初始保证金损失或 IA 损失的有效手段。[9]

通过隔离担保品来避免交易对手风险是一种有效的办法，但这是有代价的。一个审慎金融机构如果系统地要求互换交易商隔离其公布的担保品，将会给互换交易商带来巨大的成本，这种成本通常用 FVA 来衡量（见"拓展估值指标：FVA 与 KVA"章）。作为审慎金融机构对手方的互换交易商将不得不进行对冲，当审慎金融机构的 *MtM* 为正时（意味着互换交易商的 *MtM* 为负），互换交易商必须提供担保品，但它们不能使用审慎金融机构给付的被隔离的证券（见图 11）。

交易商将承担融资成本，但它们会向审慎金融机构收费。因此，担保品的交易对手风险无法通过隔离在不付出任何代价的情况下得到解决。这是因为隔离打破了再抵押融资链。审慎金融机构需要支付的费用，在理论上与最具信誉的政府或 AAA 级国际金融机构因其高信用质量而不提供担保品时所付出的成本相当。

因此，在再抵押和隔离之间需要作出权衡和选择。隔离降低了交易对手风险，但也付出了代价。如果将其普遍化，将成为整个行业的交易成本，甚至可能导致担保品短缺，并降低衍生品市场的流动性。[10]

再抵押增加了担保品的交易对手风险，但提供了更便捷的途径和更优惠的价格。

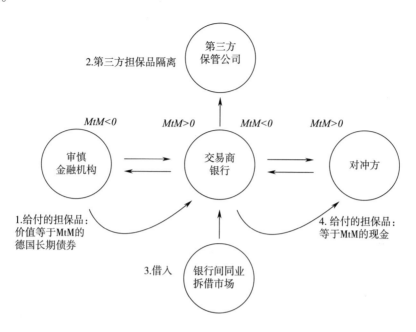

图 11　隔离带来的借贷成本

3.2　担保品流动性风险（追加保证金风险）

广泛使用担保品来应对交易对手的风险暴露，已引发衍生品交易中最可怕的风险之一：追加保证金风险。追加保证金提醒人们，风险可能永远不会完全消除，而是以另一种形式重新出现。企业、商业银行以及其他金融机构能够通过互换完全对冲市场风险，但由此市场风险变成了交易对手信用风险；同样地，互换中的信用风险可以用担保品来降低，但由此信用风险也会转化为追加保证金的流动性风险。

3.2.1　追加保证金风险简介

我们以商品生产者为例，考虑这样一个例子：一家出售黄金的矿业公司希望通过卖出期货来对冲价格风险，以使其未来的收入更可测。该公司与互换交易对手签订了场外远期销售合约（见图 12）。

从时间 T_0 开始，到期间为 T_1 的一个单位的黄金远期合约在 t 时刻的价值（MtM）等于通过签订一个相同期限的远期合约的方式撤销原合约的费用：

$$\frac{p_{T_0}^{T_1} - p_t^{T_1}}{(1 + r_t^{T_1})\, T_{1-t}}$$

其中，$p_t^{T_1}$：交割时间为 T_1 的远期销售合约在 t 时刻的价格（每盎司黄金）；

$p_{T_0}^{T_1}$：交割时间为 T_1 的远期销售合约在 T_0 时刻的价格（每盎司黄金）。

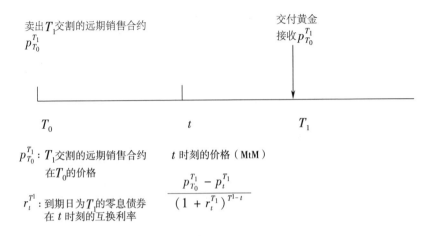

图 12　某金矿公司的对冲策略

　　尽管这家公司正在生产黄金产品，它们几乎没有多少疑问会在 T_1 时刻实现销售远期合约并进行黄金的交割，但是按照 ISDA 文件与信用支持附件（CSA）的要求，当公司的 MtM 变负的时候，其需要提供担保品。如果黄金在 T_1 到期时的远期价格高于在 T_0 时达成的合约远期销售价格，上述 MtM 可以变为负值。如果黄金远期价格大幅上涨，黄金生产商可能会被要求支付大量的担保品。生产商可能没有足够的现金来回应如此突然的追加保证金要求。让我们看一个例子，一家大型的矿业公司通过远期合约出售 25 吨黄金（1 吨 = 29 166.67 盎司，约729 175 盎司），远期价格为 250 美元/盎司。如果一盎司黄金的远期价格突然上涨 70 美元至 320 美元，那么该公司将不得不面对 6.08 亿美元的追加保证金（见图 12）。

　　这正是对 1999 年加纳黄金生产商 Ashanti 的遭遇进行的一个简化计算。1999年 9 月中旬至 10 月初，现货黄金价格从每盎司 255 美元升至 355 美元。Ashanti的对冲账户面临着 5.7 亿美元的损失，以及 5.7 亿美元的追加保证金通知。但Ashanti 没有现金，它不得不出售其某最大矿山 50% 的股份，并发行 15% 的认股权证。其股价从每股 9.38 美元跌至每股 5.50 美元。

3.2.2　近期金融界的追加保证金风险

　　或许最著名的追加保证金案例是雷曼兄弟的案例，但是，回顾雷曼兄弟破产之后的广泛调查[11]，似乎导致破产的追加保证金通常是那些过大的短期回购融资头寸，而不是衍生品。当雷曼兄弟的财务状况明显下滑时，短期回购贷款机构对其提供的作为担保品的证券提出了越来越多的"垫头"要求。

德国金属公司（Metallgesellschaft，1993 年德国最大的产业集团，见专栏2）的例子向人们展示了在衍生品对冲交易中，担保品追加如何拖垮一家工业巨头。

专栏2　德国金属公司案例

有大量的研究和文件[12]记录了1991—1994 年发生在美国能源行业的德国金属公司（Metallgesellschaft AG，以下简称 MG）的例子。该案例描述了衍生品对冲交易中一种激进的定价策略带来的严重后果，最终追加保证金导致全面崩溃。

MG 的策略是，通过提供长期固定价格的能源供应合同扩大其市场份额，同时利用衍生品对冲能源价格上涨的风险。不过，对冲交易受到两个主要缺陷的阻碍：

（1）会计准则的偏差：适用于衍生品对冲的会计准则是按市值计价（MtM，又或公允价值计价），适用于能源供应合同的会计准则却不是公允价值（而是权责发生制）；

（2）对衍生品套期保值的追加保证金风险的低估。

1993 年，MG 是德国最大的20 家公司之一，拥有43 300 名员工和260 亿德国马克（160 亿美元）的收入，在包括金属、采矿、能源、贸易和风险管理服务在内的领域处于强势地位。其主要股东包括德累斯顿银行（Dresdner Bank）、德意志银行（Deutsche Bank）、安联（Allianz）、戴姆勒（Daimler）和科威特投资局（Kuwait Investment Authority）。其美国子公司 Metallgesellschaft Refinery and Marketing Inc.（MGRM）向独立的批发商和零售商分销精炼石油产品。1991 年受聘的 MGRM 高管制定了一项扩大 MGRM 市场份额的战略：通过在较长时期内以固定价格出售，为客户提供能源价格波动的保护；MGRM 则通过衍生品市场进行风险管理。

MGRM 向客户提供的燃料油和汽油供应合同期限最长为10 年，同时通过衍生品市场（纽约商交所或场外合约）对冲价格上涨的风险。供应合同的价格是纽约商交所12 个月内到期的12 个期货合约价格的算术平均值加上保证金，许多供应合同还包括一个回售选项：终止合同并按市值收取现金的权利。

截至1993 年9 月，MGRM 未履行的供应合同相当于1.54 亿桶，因燃料油和汽油价格上涨而出现空头头寸。MGRM 的对冲策略包括在燃料油和汽油衍生品上建立等价的多头头寸。在一个良好的 delta 对冲中，MGRM 的衍生品头寸对石油和汽油价格的敏感性将抵消其供应合同的敏感性，但对冲策略并不是完美的抵消。衍生品对冲合约（1.6 亿桶）的名义价值与供应合同相当，但都是短期合约（纽约商交所次月到期的期货合约 5 500 万桶，原油短期互换 1.1 亿桶）。两份短期衍生品合约都由 MGRM 进行了展期。这包含两层含义：

（1）存在基差风险：1 个月和 10 年的远期能源价格曲线的走势不一定是平行的。如果长期价格上涨，而短期远期价格保持不变，MGRM 就没有实现对冲。

（2）更重要的是，存在会计准则不匹配：德国会计惯例采取 MtM 和权责发生制两种会计准则中对主体较为不利的一种，不允许 MGRM 在价格下跌时将供应合同的 MtM 收益入账；与此同时，即使没有实现，对冲中的 MtM 损失也必须被确认为损失。

1993 年出现了能源价格下跌的情况。由于能源价格全年都在下跌，MGRM 的衍生品头寸也在亏损。更严重的是，MGRM 面临越来越大的抵押付款和追加保证金义务。到夏末，MGRM 的信贷额度已经耗尽。12 月初，随着油价开始以更快的速度下跌，MGRM 已无法承担为其巨额对冲头寸展期所需的追加保证金。

12 月 6 日，MG 公开披露，其美国子公司 MGRM 在能源对冲方面损失逾 15 亿美元。MG 很快就失去了融资渠道和交易对手，其股价下跌了 13%。MG 需要 10 亿美元的融资来履行追加保证金的义务。12 月 10 日，德意志银行和德累斯顿银行同意提供 15 亿马克的贷款，但就在同一天，纽约商交所要求提高保证金要求，对 MtM 追加了超额担保金额（"垫头"）。12 月 17 日，MG 的 CEO 和三名管理层成员辞职。12 月 28 日，纽约商交所决定对 MGRM 的期货总头寸施加限制。与此同时，MGRM 发现很难在场外互换市场找到交易对手。

1994 年 1 月，MG 的新管理层决定终止 MGRM 的对冲并确认亏损，1992/1993 财政年度的损失为 19.7 亿德国马克，新管理层安排了 20.6 亿美元的银行救助计划，以挽救 MG 免于破产（这将是第二次世界大战后德国最大的企业破产）。MG 在 1993/1994 财政年度又经历了一年的重大损失（26.6 亿德国马克），但在 1994/1995 财政年度恢复盈亏平衡。在 1995 年中期，MG 获得了 12.6 亿德国马克的新信贷。1996 年初，MG 完全退出了美国能源市场，终止了所有固定价格合同，但仍在处理与 MGRM 惨败有关的诉讼。

表4	AIG 给付的追加保证金和担保品	单位：10 亿美元
时间	追加保证金	交付的担保品
2008/6/30	15.8	13.2g
2008/7/31	19.3	14.4
2008/9/12	23.4	18.9
2008/9/15	32.0	19.5
2008/9/16	33.8	22.4

来源：芝加哥联邦储备银行工作论文（2014—2007）。

2008 年国际金融危机最惨痛的时刻是 9 月 16 日，AIG 几近破产，而这家拥有 1 万亿美元资产的公司刚在 2005 年 3 月还被评为 AAA 级。目前仍有争议的是，AIG 是否属于资不抵债的非流动性案例，以及救助是否合理。但无论如何，AIG 面临的担保品过账的陡坡效应（2008 年 9 月 15 日，标准普尔、穆迪和惠誉将其从 AA−/Aa3/AA− 降级为 A−/A2/A），导致其无法履约付款（见表4）。

截至 2007 年底，AIG 已经通过 CDS 售出了一系列不同质量的信用资产的保险，名义总额为 5270 亿美元，此外还有 1.5 万亿美元的利率衍生品。而 AIG 只与相对较少一部分的交易对手建立了 ISDA 合约。2008 年 9 月 15 日的降级增加了 100 亿美元的额外保证金。表4 显示了 AIG 欠所有衍生品交易对手的担保品（或保证金）。由于 CDS 是针对流动性差且难以估值的资产出售的，因此 AIG 与其交易对手之间经常发生纠纷。

4 增强对系统性风险的缓冲

4.1 担保品在 2008 年后的监管中的地位

2008 年后的金融监管致力于解决场外衍生品的不透明性和潜在的系统性破坏。2009 年匹兹堡 G20 峰会为金融市场监管者概述了一个议程框架，旨在通过 CCP 解决场外衍生品的交易对手信用风险、传染威胁和不透明性等。

2008 年国际金融危机为银行监管机构提供了第一手证据，证明了场外衍生品市场担保品的缺陷。场外衍生品市场的担保品交付标准不够健全，不足以有效保护实体和阻止银行违约造成的系统性风险传导。此外，在系统性压力时期，来自担保品的流动性风险似乎构成了另一种传染源，担保品的追加保证金风险既具有即时影响，也有潜在的影响。

在 2011 年 11 月的戛纳（Cannes）峰会上，20 国集团（G20）决定将加强未清算场外衍生品的担保品交付（或保证金）加入改革议程。所有非集中清算衍生品都将面临更高的资本金或保证金要求，这会产生强大而直接的激励促使它们转移到 CCP。

巴塞尔银行监管委员会（BCBS）和国际证监会组织（IOSCO）理事会于 2015 年 3 月发布了对非集中清算衍生品的保证金要求。其主要建议已在美国监管中得到落实（2015 年 12 月发布的保证金监管规定将于 2016 年 9 月生效）[13]；欧盟监管机构正从 2016 年 11 月开始实施保证金监管，该规定应于 2017 年初开始实施。

过去，银行监管并没有那么注重保证金。2008 年国际金融危机的教训促使监管机构大力强化场外衍生品市场的保证金制度，这种制度目前是成熟但不完善的。相对于 2006 年《巴塞尔协议 II》的全面监管框架，《巴塞尔协议 III》详细说明了保证金的许多实际方面。2015 年 3 月的巴塞尔文件《对非集中清算衍生品的保证金要求》广泛涉及这一方面。巴塞尔文件强调了保证金相对资本要求的风险缓释优势：更针对特定衍生品投资组合的特定风险特征，更有动态性，更有激励性（制造风险的一方，必须支付降低风险的费用）。

回顾 2008 年后场外衍生品保证金监管的实施情况，我们可以认为有两种事后效应：（1）鼓励场外衍生品转移到 CCP 进行清算；（2）规范、标准化和加强有关衍生品市场保证金的实践，会带来长期性的影响。在这个过程中，监管机构会密切关注系统性风险的所有传导渠道，尤其是流动性。追加保证金和担保品对资本市场总流动性的影响是改革的主要考虑方向。

对未清算衍生品保证金的新监管规则有以下几个关键点：

——所有从事非集中清算衍生品业务的金融公司和系统重要性非金融实体，都必须交换初始保证金和变动保证金。

——计算初始保证金和变动保证金的方法必须反映当前的风险暴露（初始保证金）和未来潜在风险暴露（变动保证金），还要确保风险暴露有较高的置信度。

——作为担保品收集的资产应能在合理时间内进行清算以提供足够的保护，因此应是高流动性资产；或提供适当的"垫头"，以确保它们能在市场压力时期提供所需价值。

——各方应在不冲销金额的情况下交换初始保证金；收到的担保品应接受相应的处理（如隔离），以充分保护出质人免受违约风险。

与 G20 匹兹堡峰会和戛纳（Cannes）峰会的监管计划一致，对非集中清算衍生品的保证金要求进行监管有两个首要目标：

——减少源自非集中清算衍生品的系统性风险。这些衍生品在 CCP 之外交易，不太容易标准化，而且可能是流动性最差、最复杂、最不透明的。

——推进中央清算：CCP 需要保证金，所以非清算衍生品也应该如此，但由于它们在 CCP 之外，风险更高，因此对担保品的要求更高。

在 2015 年 4 月的巴塞尔文件中，巴塞尔银行监管委员会和国际证监会组织概述了逐步引入保证金新要求的时间表，整个过程从 2016 年 9 月 1 日持续到 2020 年 9 月 1 日。小型市场参与者比大型交易商银行以及系统重要性非金融机构有更多的时间来履行相关要求。美国如期执行相关要求，而欧盟滞后一个季度。

至此，2008 年后提出的议程现在几乎已得到全面执行。但正如我们在"重建衍生品市场：2008 年后的目标"一章中所提及的，当 2008 年后监管的首批效果正在接受评估时，改革可能会暂停，特别是目前重点关注由少数 CCPs 进行集中清算带来的系统性风险问题。

4.2　加强信用保护的改革

2015 年 3 月的巴塞尔文件旨在通过系统性地解决担保品存在的缺陷，使之能够在场外衍生品交易中充分有效地防范交易对手风险。

第一个要求是对符合以下条件的主体强制执行适当的保证金操作：

* 所有不通过 CCP 清算的场外衍生品交易；
* 所有对市场运作起关键作用的实体：金融公司和系统重要性非金融实体。[14]

这一范围的定义体现了优先控制系统性风险和小规模市场参与者的担保品管理成本。对主要市场参与者来说，其目的是不再让保证金交易依赖双边合同协议，保证金业务必须标准化，并完全覆盖场外衍生品市场。

4.2.1　为重置风险和 PFE 准备的初始保证金

对于所有涵盖的实体，2015 年 3 月的巴塞尔文件不仅要求在其非集中清算衍生品交易中交换变动保证金，还要求交换初始保证金。这一监管要求将按照图 13 中的时间表逐步强制执行。

巴塞尔文件非常明确地阐述了变动保证金和初始保证金的目的：变动保证金反映了当前的风险暴露，按市值计价；初始保证金则反映了重置期未来潜在风险暴露（PFE）。初始保证金要求是明确引入的，以防范重置风险（详见 3.1.1）。

为了提供有效的保护，两个交易对手的初始保证金无法抵扣。

图13　逐步引入新的保证金监管要求

2015 年 3 月的巴塞尔文件进一步规定，PFE 应被计算为 10 个交易日内 MtM 的最大增幅，达到 99% 的置信水平，使用反映重大金融压力的市场数据。

巴塞尔银行监管委员会在为初始金额的计算提供标准公式的同时，也接受内部模型，但须经监管机构批准。

在美国，美联储（Fed）和商品期货交易委员会（CFTC）将 2016 年 9 月 1 日定为启动日期。大型互换交易商为避免在初始保证金计算上产生争议，决定共同开发一种名为 SIMM 的开源模型，所有交易商都认可并使用该模型。

在欧盟，欧洲监管当局联合委员会（ESA、EBA 和 EIOPA）于 2016 年 3 月发布了针对非集中清算衍生品的保证金监管草案。在撰写本书时，它还没有最终定稿，预计将在 2017 年初生效。①

4.2.2　保护担保品的价值

2015 年 3 月的巴塞尔文件关注担保品的弹性和可获得性，特别是当大型交易对手的违约伴随普遍的市场压力时："作为担保品的资产应该是高流动性的，并且在列支适当的'垫头'后应该能够在经济压力时期保持其价值。"巴塞尔文件还要求"垫头"进一步标准化：现金（投资组合中的货币或流动性高的货币）没有"垫头"，短期（不到一年）政府债券的"垫头"为 0.5%，短期公司债券的"垫头"为 4%。

巴塞尔文件还解决了担保品的出质实体所面临的交易对手风险（见 3.1.2 节）。

为了提供有效的保护，初始保证金应改为双向流动，而不是由双方的付款净额构成。同样，应将初始保证金进行隔离（见 3.1.3 节），以免遭担保品接收

---

① 译者注：尊重原著，未按目前实际进展修改。

方违约事件带来的风险。

同时，巴塞尔银行监管委员会决定不对变动保证金进行隔离。

然而，我们注意到，初始保证金的隔离实际上可以保护变动保证金数额不受质权方违约的影响。正如我们在3.1.3节提到的，因为已交付担保品的价值等于相对于交易对手的负 MtM，最终这个负的 MtM 将等价于担保品损失（除非 MtM 在重置期增长，那幸存实体只能收到一个相对较小的数额）。在3.1.3节我们得出的结论是，这种情况下，MtM 绝对值变得比交付的担保品小，而交付的担保品中的这一超额部分成为交易对手方的风险暴露，与重置期的信用风险暴露类似，可以用 PFE 来衡量。因此，初始保证金提供了有效的保护。

4.2.3　应对流动性风险

A. 催交保证金风险

2010年12月出台的《巴塞尔协议Ⅲ》参考文件[15]构成2008年后监管的一个概要。它指示银行制定一项管理追加保证金风险的政策：

采用内部模型法的银行必须确保其现金管理政策同时考虑了交换变动保证金或其他类型保证金时潜在的补充保证金导致的流通性风险，例如：在市场反向动荡时的初始或独立保证金、为归还交易对手提交的额外抵押品潜在的保证金补充、由于公开评级下调而需要补充保证金的情况等。

B. 流动性与保护之间的权衡

2015年3月有关保证金的巴塞尔文件包含了几项旨在保护衍生品和资本市场流动性的条款。

监管机构意识到，严格的要求（从交易对手风险缓释的角度来看，这是非常可取的），如高质量资产才有资格做担保品或者对交付的担保品进行隔离（不进行再抵押），可能会产生意料之外的不良影响。再抵押（见上文3.1.3节）一定程度上可以支持衍生品市场的功能，而隔离可能导致大多数有资格作为担保品的资产被困在隔离的担保品账户中，无法再使用。这就是巴塞尔文件将隔离的义务限制在初始保证金范围内而变动保证金证券可以重新抵押的原因。

与此同时，巴塞尔监管机构也允许多种资产作为担保品，包括公司债券、资产支持证券、股票和黄金。资质要求则通过"垫头"调整来管理。

注释

1. 请注意，此处的 MtM 并未反映本段中的违约风险评估；这更加意味着，交易对手 A 和交易对手 B 的 MtM 值相同（使用无违约风险收益率曲线折现的现金流），但符号相反。

2. 在最初的概念阶段，我们忽略了阈值等概念，在某些情况下导致担保品少于 MtM。此刻，我们也忽略了初始保证金的概念。

3. 2014 年，ISDA 由 800 多个成员组成，包括最终用户（42%）、衍生品交易商（24%）和服务提供商（34%）。银行是成员中最大的群体（30%），其次是律师事务所（24%），资产管理者（10%）和政府实体（10%）。大型全球投资银行（JP 摩根、高盛、美银美林、花旗银行、摩根士丹利、德意志银行、巴克莱、汇丰、瑞银、瑞士信贷、法国巴黎银行、法国兴业银行……）和大型资产管理公司，例如黑石或 PIMCO 将担任 ISDA 董事会成员（ISDA 2014）。

4. 实际上，标准 ISDA CSA 有两个版本：一种适用于纽约法（担保品）；另一种适用于英国法（1995 年，已转让担保品的所有权转移）。

5. 在 2007 年至 2008 年，投资银行在其短期证券化批发融资业务（回购交易）中已转让的担保品折价在其流动资金头寸恶化状况中发挥了特殊作用。此后，进行了数次分析，试图了解折价在其中的作用。Sebastian Infante 在 2015 年的美联储董事会的一篇论文中探讨了交易商银行在某些情况下可通过从较弱的交易对手如对冲基金（在衍生品和回购交易中）接收担保品而获得意外流动性获益，在这种情况下，他们获取的折价比与交易对手的担保品更多。

6. 来源：ISDA 保证金调查 2014（Margin Survey 2014）（ISDA 2014）。

7. 以证券为担保品的一方有权要求退还某些证券以作特定用途。

如果担保品接收方不能退还所要求的证券，它可以改为退还具有同等风险和流动性特征的证券。实际上，根据 ISDA，大多数 CSA 都不允许退还同等的证券。如果有担保方（质权人）不能在请求日将其交付，则可以在质权人获得担保品时使用临时等价物。

8. Manhoman Singh，抵押担保品的速度：分析与启示，IMF 工作文件，2011 年 11 月（Singh，2011）。

9. ISDA 指出，在雷曼公司（Lehman）破产时，许多投资者因支付额外保证金（译者注：IA，Independent Amount，独立金额，即额外保证金）的支付而蒙受重大损失，同时授权雷曼公司（Lehman）再抵押额外保证金。额外保证金未独立，雷曼公司可以自由使用。对额外保证金的索赔被视为一般无抵押索赔。

10. 对这方面有兴趣的读者可以阅读 Mahmohan Singh 或 Gary Gorton 的分析。

11. 美国纽约南区破产法院，0813555（JMP）号案件第 11 章，审查员 Anton R. Valukas 报告（美国破产法院，纽约，2010 年）。

12. 本案例研究使用作者自己的市场资源以及以下论文和分析：

Allen B. Frankel 和 David E. Palmer；John Digenan，德国非金融公司的金融风险案例：Metallgesellschaft 案例，联邦系统理事会，《国际金融讨论文件》，1996年8月（Frankel 与 Palmer 1996）；Dan Felson，Robert Kelly 和 Ann Wiemert，PRMIA. org；

Antonio S. Mello 和 John E. Parsons，公司金融应用杂志（Journal of Applied Corporate Finance），1995 年春季；

Franklin R. Edwards：Metallgesellschaft 案例，衍生品季刊（Derivatives Quarterly），1995 年春季（Edwards 1995）；

德国金属公司（Metallgesellschaft AG）历史，公司史国际目录，16 卷 . St James 出版社，1997。

13. 美国商品期货委员会（Commodity Futures Trading Commission，CFTC），负责监管互换市场，在 2016 年 12 月 15 日批准了《互换交易商和主要互换参与者的未清算互换保证金要求的最终规则》，自 2016 年 9 月 1 日起，最大的参与者必须遵守该规则。

14. 主权国家，中央银行和多边开发银行也明确免除强制保证金的规定，BCBS IOSCO 2015 年 3 月文件。

15. 巴塞尔协议Ⅲ：旨在建立更具弹性的银行和银行系统的全球监管框架，2010 年 12 月（2011 年 6 月修订）。

本章参考文献

ISDA. (2006). *Margin survey 2006.*

ISDA. (2010, March). *Market review of OTC derivative bilateral collateralization practices.*

ISDA. (2014, April). *ISDA margin survey 2014.*

ISDA. (2014, October 20). *ISDA response to IOSCO consultation on risk mitigation standards for non-centrally cleared OTC derivatives.*

ISDA. (2014, April). *Size and uses of the non-cleared derivatives market.*

Singh, M. (2011). *Velocity of pledged collateral.* IMF Working Paper WP/11/256.

US Bankruptcy Court, New York. (2010). Report of Anton R. Valukas, Lehman Brothers Holdings, Chapter 11 Case No 08-13555.

信用与负债价值调整：CVA 和 DVA

摘　要：本章主要介绍 CVA 和 DVA 这两个指标。CVA 主要反映了衍生品组合由于交易对手违约而产生的预期成本的市场价值；与之对应，DVA 反映的是其交易对手由于违约而产生的预期收益。本章分别在有无担保品、有无担保品信用风险等不同情况下介绍了 CVA 和 DVA 的法则，还介绍了将 CVA 和 DVA 与衍生品投资组合的交易对手双方的信用利差联系起来的规则。最后一部分提供了一个在典型的连续时间、风险中性市场框架下这些公式的证明。

关键词：双边调整　信用利差　信用价值调整（CVA）法则　可违约债券/互换　负债价值调整（DVA）法则　违约风险暴露（EAD）　预期暴露（EE）预期负暴露（ENE）　预期正暴露（EPE）　违约损失率（LGD）违约率（PD）　重置风险　风险中性估值　回收率（RR）系统重要性金融机构

1　信用价值调整

信用价值调整（CVA）的概念出现于 21 世纪初的衍生品市场。随后，它的应用范围扩大，逐渐不再局限于衍生品领域。鉴于衍生品交易对手风险在 2007—2008 年危机中扮演了重要角色，特别是互换的 MtM 变化带来的 CVA 快速变化可能会造成潜在的破坏性影响，监管当局开始对 CVA 给予极大的关注。2008 年后监管的关键变化之一就是引入了 CVA 资本要求。随着交易对手信用风险逐渐扩大，2010 年 12 月，《巴塞尔协议Ⅲ》的第一版引入了一项新的资本要求，以使银行应对衍生品头寸 CVA 变化带来的风险。

在本节中，我们首先介绍理解和使用 CVA 所需要的关键概念；然后基于金融基础理论对 CVA 的实际计算规则进行概述；在第 3 部分中，我们会进一步分析如何使用 CVA。

1.1　CVA 的定义与概述

CVA 是对交易对手信用风险的评估。在衍生品定价中，CVA 是对交易对手潜在违约的补偿之一，是在衍生品合约剩余期限内计算出的预期违约损失。

CVA 最初是为单独签订的衍生品合约定义的，但现在主要用于整个衍生品投资组合层面的评估和监控。CVA 的计算主要基于与衍生品交易对手间的 ISDA 合约覆盖的净额集，以及 CSA 合约划定的担保品范围。CVA 也参与所有进入净额集的新衍生品交易的定价过程。在计算投资组合的 CVA 时，必须先对投资组合中的每个衍生品分别估计 CVA，然后再进行加总。

CVA 是衍生品定价的组成部分。CVA 的计算依据与衍生品定价相同的风险中性概率，但 CVA 具有与衍生品风险中性定价分离的显著特性（CVA 正式表达式详见第 3 部分）。这意味着，对于一个实体 A 和实体 B 之间的净额集，投资组合的 MtM 等于其风险中性定价的价值加上其 CVA。从 A 的视角来看，组合的价值是

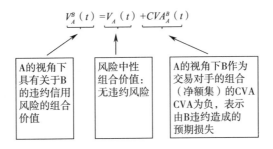

$$V_A^B(t) = V_A(t) + CVA_A^B(t)$$

| A的视角下具有关于B的违约信用风险的组合价值 | 风险中性组合价值：无违约风险 | A的视角下B作为交易对手的组合（净额集）的CVA CVA为负，表示由B违约造成的预期损失 |

CVA 是针对交易、投资组合和交易对手的。它既反映了投资组合中每笔交易的特点，又反映了净额集中的投资组合的特点；还反映了净额集内的衍生品对市场变量的敏感性如何匹配和抵消；最重要的是，它还反映了交易对手的信用质量。因此，CVA 计算将包括以下内容：

—交易对手的违约概率（PD）；

—投资组合的整个生命周期中预测的违约风险暴露（EAD），然后作为预期进行贴现和汇总；

—回收率（RR）或违约损失率（LGD）。

在计算过程中，如 ISDA 合约的 CSA 所述，CVA 反映了净额集中担保品所提供的保护。因此，CVA 的计算中所用到的 EAD 为剩余风险暴露（即未被担保品覆盖的风险暴露部分），它是以下部分的和：

—MtM 中没有担保品的部分。它的存在要么是由于交易对手没有提供担保品，要么是由于 CSA 中的阈值和最低转让金额条款（参见关于担保品的第 3 章）；

—重置风险，是对重置期间预期未来风险暴露的衡量。

在估算 CVA 时，重置风险计算的是重置期间的平均偏差，而不是最大偏差（99% 置信水平），它与 PFE 相反，PFE 在交易对手风险管理中用于衡量最坏情况下的风险暴露。CVA 是一个使用预期值的定价指标。

我们用 $EE_A^B(t)$ 表示 A 对 B 的预期贴现风险暴露（A 的视角下 t 时刻组合的预期贴现价值）。和 PFE 类似，预期暴露（EE）总是一个正数。如果未来某个时间点组合期望价值为负，这在 CVA 计算中就不能算作风险暴露。为了区分，我们将它表示为 NEE（负预期暴露），使其预期暴露为正或零。预期风险暴露反映了抵押品通过 ISDA 的 CSA 提供的保护的效果，它还可能反映出 A 通过信用违约互换（CDS）或其他形式的信用增强，对 B 的违约提供保护的预期效果。图 1 描述了随着时间的推移，预期风险暴露可能会发生的变化，将其映射到一个由连续的时间点 t_1 构成的网格上，用来推导 CVA 的公式。

在工具层面上估计 CVA 时，要关注三个与之相关的变量：（1）违约概率（PD）；（2）预期违约风险暴露（EAD）；（3）回收率（RR）。预期暴露的计算会使用衍生品组合到期前一系列 EE_{At} 点；违约概率也与时间维度有关；回收率假定为常数。

1.2　CVA 的计算法则

1.2.1　根据违约概率得到的 CVA 公式

我们现在将展示 CVA 的计算公式（完整的推导见本章第 3 部分）。

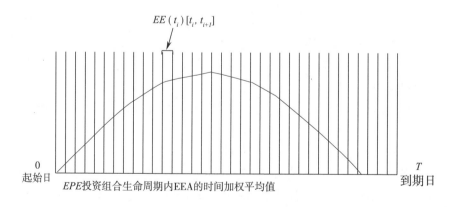

图 1　投资组合生命周期预期暴露的演化

$$CVA_A^B(t) = -1(1 - R_B) \sum_{t_i=t}^{T-1} PD_B(t_i, t_{i+1}) EE_A^B(t_i) \qquad （Ⅰ）$$

其中，CVA_A^B：从 A 的视角计算交易对手 A 与 B 之间的衍生品投资组合或净额集的 CVA；

R_B：与交易对手 B 之间的投资组合中的衍生品产生违约后的回收率；

LGD_B：实体 B 违约产生的损失；$LGD_B = (1 - R_B)$

PD_B：B 在时间 $[t_i, t_{i+1}]$ 上的违约概率（见图 1）；

$EE_A^B(t_i)$：t_i 时刻 A 对 B 的预期暴露，基于净额集中的所有衍生品计算；

T：组合的到期日，即净额集中最长期限的工具的到期日。

预期暴露是一个正数。在这一部分中，我们只假设预期暴露反映了担保品通过 ISDA 的 CSA 提供的保护，以及 A 获得的针对 B 违约的保护。我们还没有详细说明担保品的机制。

计算的关键部分在于对预期暴露的贴现期望值的恰当估计。从评级机构数据中获得的回收率，可由机构根据自身的风险经验或恢复过程的知识积累进行微调。

1.2.2 含信用息差的 CVA 公式

未来几个到期时点的违约概率可以从三大评级机构获得：标准普尔（S&P）、穆迪（Moody's）和惠誉（Fitch）。除此之外，违约概率也可以从市场上为交易对手提供的 CDS 或债券息差中得出。如果从市场获取违约概率，下面的等价 CVA 公式可能更受欢迎，该公式明确揭示了 B 的市场信用利差的影响（详细推导见第 3 部分）：

$$CVA_A^B(t) = -LGD_B \sum_{t_i=t}^{T-1} \left[e^{-\frac{s_{B,t}^{t_i}}{LGD_B}(t_i-t)} - e^{-\frac{s_{B,t}^{t_{i+1}}}{LGD_B}(t_{i+1}-t)} \right] EE_A^B(t_i) \qquad (\text{II})$$

其中，$s_{B,t}^{t_i}$：t_i 时刻实体 B 的信用利差。

利差是用百分点或基点表示的数字。如果我们对公式（II）中的表达式进行一阶近似，并将贴现后的预期暴露数值替换为贴现后的预期正暴露（EPE，相当于贷款暴露的导数），我们会看到 CVA 的一个更短、更直观的形式：

$$CVA_A^B(t) \cong -s_{B,t}^{t,T} EPE_A^B(t) \qquad (\text{III})$$

其中，$EPE_A^B(t)$：贴现的预期正暴露；

$s_{B,t}^{t,T}$：在 t 时刻观测到的 B 在 $[t,T]$ 的平均信用利差。

从公式（III）中我们可以很容易地注意到，CVA 实际上是交易对手预期暴露带来的信用利差。

1.3 有担保品的 CVA 计算公式

在 ISDA 合同中，信用支持附件（CSA）管理的担保品交付，在违约发生时的预期暴露由以下因素决定：

—无担保风险暴露，主要由 CSA 中的交付阈值定义，但有时由最低转移金额定义（参见担保品一章）；

—在重置期内已交付担保品 MtM 的预期增长；

—交易对手 B 在违约前被信用降级触发了 CSA 中的独立金额（IA），在这种情况下，如果在 CSA 中对 IA 有合适的规定，使得在重置期间对 MtM 的最大潜在增长提供了足够的保护，则在未来所有日期的预期暴露应始终等于零。

我们现在将给出一个有担保品的 CVA 公式[1]。这时的困难在于当违约发生时如何恰当地估计预期潜在损失的未来值 $EE_A^B(t_i)$。

$$CVA_A^B(t) = -LGD_B \sum_{t_i=t}^{T-1} PD_B(t_i, t_{i+1}) EE_A^B(t_i) \qquad (\text{IV})$$

考虑到新巴塞尔协议对担保品强制要求初始保证金以规避重置风险的规定，对于金融机构和系统重要性非金融机构：

$$EE_A^B(t_i) = \mathbb{E}_t\big[\underbrace{D(t,t_i)\{1_{\{0 \le PV_A^B(t_i) \le H\}}PV_A^B(t_i)}_{\text{低于阈值的暴露取其组合正的MtM值}} + \underbrace{1_{\{H < PV_A^B(t_i)\}}H\}}_{\text{高于阈值的暴露则取阈值}}\big] \qquad (\text{V})$$

对于其他实体：

$$EE_A^B(t_i) = \mathbb{E}_t\Big[D(t,t_i)\Big\{\underbrace{1_{\{0 \le PV_A^B(t_i) \le H\}}\big(PV_A^B(t_i) + \frac{\Delta^+ PV_A^B(t_i)}{LGD_B}\big)}_{\substack{\text{低于阈值的暴露等于正的MtM值}\\\text{加上组合在重置期间的市场价值改变}}} + \underbrace{1_{\{H < PV_A^B(t_i)\}}\Big(H + \frac{\Delta^+ PV_A^B(t_i)}{LGD_B}\Big)}_{\substack{\text{超过阈值的暴露等于阈值加上}\\\text{重置期间市场价值的改变}}}\Big\}\Big]$$

$$\qquad (\text{VI})$$

其中，PV_A^B：从 A 的视角估计的 A 与 B 之间的衍生品组合（即净额集）的价值，反映交易对手 B 带来的违约风险。

H：CSA 中设定的担保品阈值，当 MtM 低于 H 时，交易对手不提供担保。

$1\{\cdots\}$：示性函数，当括号内为真时取 1，否则取 0。

$\Delta + PV_A^B$：表示重置风险。

值得注意的是，重置期间组合 MtM 的改变对于 A 来说不是一项关于 B 的风险暴露，只是一个单纯的市场风险。B 违约时的 LGD 适用于计算 $CVA_A^B(t)$，但不适用于计算 $\Delta + PV_A^B$。这就是公式（VI）中要除以 LGD_B 的原因。

1.4 含担保品信用风险的 CVA 计算公式

我们现在提供最完整的 CVA 公式，适用于 A 和 B 签订了附带 CSA 的 ISDA 合同且它们提供的担保品也暴露于另一方违约的风险的情况。在这一部分中，我们将回顾 2015 年 3 月关于场外衍生品保证金监管的巴塞尔文件。巴塞尔银行监管委员会在初始保证金制度中引入了一些基础性的变化，作为其在后危机时代加强衍生品的有效性的尝试，致力于消除违约风险（见图 2）。此初始保证金对担保品接受者（质权人）的违约提供的保护是通过隔离此初始保证金并使其主要可由担保品提供者（出质人）使用，这也是一项重大的规则变化。然而，为了提高市场流动性和增强担保品的职能，巴塞尔银行监管委员会决定将隔离条款仅应用于初始保证金，对于变动保证金，则没有改变 2008 年以前的再抵押规则。此外，这些新的监管条款（初始保证金和账户隔离）只适用于"被覆盖的实体"，即金融公司和系统重要的非金融公司。关于这个话题，读者也可以参考关于担保品的第 3 章。

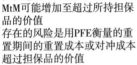
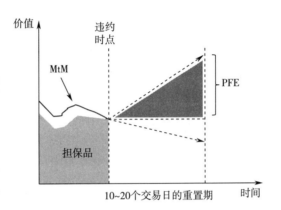

当违约发生时，互换终止
具有正MtM的实体对违约实体具有索赔权
但需要对冲互换
ISDA条款指出，索赔的价值是交易商在合理时间内报价的平均值
但在违约发生后，互换合约的MtM可能增加至超过所持担保品的价值
存在的风险是用PFE衡量的重置期间的重置成本或对冲成本超过担保品的价值

图 2　有担保品的 CVA 计算的关键要素

我们考虑 A 的 MtM 为负、提供了担保品，而 B 处于违约状态的情况。根据 CSA，幸存实体的索赔额是在违约后的一段时间内从互换交易商收到的报价的平

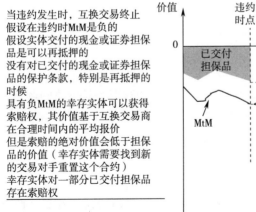
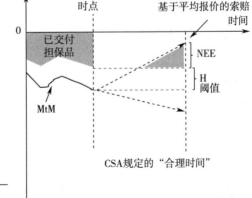

当违约发生时，互换交易终止
假设在违约时MtM是负的
假设实体交付的现金或证券担保品是可以再抵押的
没有对已交付的现金或证券担保品的保护条款，特别是再抵押的时候
有负MtM的幸存实体可以获得索赔权，其价值基于互换交易商在合理时间内的平均报价
但是索赔的绝对价值会低于担保品的价值（幸存实体需要找到新的交易对手重置这个合约）
幸存实体对一部分已交付担保品存在索赔权

图 3　CVA 的计算：已交付担保品的负预期暴露

均值。如果在此期间 A 的 MtM 增长了，以至于其交付的担保品额度超过了 MtM 的绝对值，假如担保品不能收回（特别是担保品被再抵押的情况），幸存实体将面临风险暴露（用负预期暴露衡量）和对超额担保品的索赔。如果交易双方是"被覆盖的实体"，那这个索赔将由初始保证金覆盖（通过隔离来免疫违约）；如果是"非覆盖实体"，那情况就大不一样了。

我们给出的最终公式整合了这些方面，所以它是最完整的。由于包括了现在和未来某实体具有负暴露的情况，我们在计算中引入以下表达：

$NEE_A^B(t_i)$：在时间 t_i 时 A 对 B 的负预期暴露，基于净额集中的所有衍生品计算；NEE 是个负数。

$$CVA_A^B(t) = -LGD_B \sum_{t_i=t}^{T-1} PD_B(t_i, t_{i+1})\left[EE_A^B(t_i) - NEE_A^B(t_i)\right] \quad (\text{Ⅶ})$$

其中，折现后的预期暴露 $EE_A^B(t_i)$ 和之前没有抵押品违约风险的公式类似，有两个版本：一是巴塞尔协议覆盖的实体，二是非覆盖实体；另一项负预期暴露 $NEE_A^B(t_i)$ 反映抵押品的风险。

对于巴塞尔协议覆盖的实体：

$$EE_A^B(t_i) = \mathbb{E}_t\left[D(t,t_i)\left\{1_{\{0 \leqslant PV_A^B(t_i) \leqslant H\}} PV_A^B(t_i) + 1_{\{H < PV_A^B(t_i)\}} H\right\}\right] \quad (\text{Ⅷ})$$

对于非覆盖实体：

$$EE_A^B(t_i) = \mathbb{E}_t\left[D(t,t_i)\left\{1_{\{0 \leqslant PV_A^B(t_i) \leqslant H\}}\left(PV_A^B(t_i) + \frac{\Delta^+ PV_A^B(t_i)}{LGD_B}\right)\right.\right.$$
$$\left.\left. + 1_{\{H < PV_A^B(t_i)\}}\left(H + \frac{\Delta^+ PV_A^B(t_i)}{LGD_B}\right)\right\}\right] \quad (\text{Ⅸ})$$

$$-NEE_A^B(t_i) = \mathbb{E}_t\left[D(t,t_i)\left\{\Delta^+ PV_A^B(t_i) - H\right\}1_{\{PV_A^B(t_i) < -H\}}\right] \quad (\text{Ⅹ})$$

2 DVA 和双边调整

DVA 的概念与 CVA 的概念完全一致。它是一种对衍生品价值的调整，以反映一方在合同到期前违约的可能性。尽管与 CVA 存在一致的地方，但 DVA 的概念中有一些反常的东西，甚至有些东西是矛盾的。

2.1 DVA：定义与回顾

DVA 衡量的是衍生品合约当事人在合约到期前违约时可能获得的收益。这种收益来自违约方不会支付全部价值，而只是其中的一小部分（通常用回收率来衡量）。

DVA 的一个矛盾之处在于，对于衍生品市场参与者来说，如果将 DVA 纳入其衍生品投资组合的估值，其信用质量就会恶化。但违约率的提升或回收率的下降会推高 DVA 从而使组合的价值提升。

DVA 的另一个反常之处体现在考虑违约概率的时候：对于交易违约方而言，破产时最大化的 DVA 会有什么好处。

与 CVA 一样，DVA 最初是为单独的衍生品定义的，但它主要应用于两个交易对手 A 和 B 之间的整个衍生品投资组合（即净额集）。

和 CVA 一样，DVA 具有有趣的可加性。单一衍生品或衍生品投资组合的价值是在一个经典的风险中性和无违约风险的设定下定价的。然后，就像可以添加 CVA 来调整交易对手的违约（如果我们站在 A 的角度考虑交易对手 B），也可以添加 DVA 来反映 A 自身潜在违约中的价值。

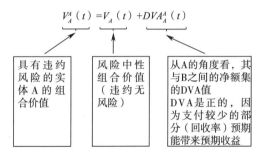

2.2 DVA 的计算公式

2.2.1 含违约概率的 DVA 公式

DVA 的公式和 CVA 非常像，完整的推导会在第 3 节中呈现。

$$DVA_A^A(t) = -LGD_A \sum_{t_i=t}^{T-1} PD_A(t_i,t_{i+1}) NEE_A^A(t_i) \qquad (\text{XI})$$

其中，DVA_A^A：从 A（下标）的角度计算的 A 和 B 之间的净额集的 DVA，并在 A 上（上标）调整债务价值；

R_A：在与交易对手 A 之间的投资组合中的衍生品违约回收率，另一种可选择的表达是违约损失率（LGD）；

LGD_A：实体 A 的违约损失率；

$PD_A(t_i,t_{i+1})$ 实体 A 在时间区间 (t_i,t_{i+1}) 内的违约概率；

$NEE_A^A(t_i)$：A 对 B 的负预期暴露，即 A（上标）在未来时间 t_i 上的违约风险，根据净集中的所有衍生品计算；

T：组合的到期日，即净额集中拥有最长期限的工具的到期日。

负预期暴露是一个负数。根据 ISDA 与 CSA 的合约条款，负预期暴露将包括担保品的影响。我们将在接下来的内容中逐步介绍这方面。

2.2.2　含信用息差的 DVA 公式

A 的违约概率反映在 A 发行的债券或为 A 提供违约保护的信用违约互换的信用息差中。

$$DVA_A^A(t) = -LGD \sum_{t_i=t}^{T-1} \left[e^{-\frac{s_{A,t}^{t_i}}{LGD_A}(t_i-t)} - e^{-\frac{s_{A,t}^{t_{i+1}}}{LGD_A}(t_{i+1}-t)} \right] NEE_A^A(t_i) \tag{XII}$$

其中，$s_{A,t}^{t_i}$：A 从时刻 t 到时刻 t_i 的信用息差。

就像 CVA 那样，如果我们对指数函数取一阶近似并且用平均值（预期负暴露，ENE）替代折现负预期暴露，就能推导出如下简单直观的 DVA 近似公式：

$$DVA_A^A(t) \cong - s_{A,t}^{t_i,T} ENE_A^A(t) \tag{XIII}$$

2.3　含担保品的 DVA 公式

类似于 1.3 中对 CVA 所作的处理，现在我们在 DVA 的估计中引入担保品所提供的保护。CSA 中的阈值条款和最低转让额条款构成了不含担保品的按市值计价部分。从 DVA 的角度来看，这些无担保暴露将直接反映在负预期暴露（NEE）中，在这种情况下，与 CVA 的计算是完全一致的。NEE 的无担保部分（其中只有回收率最终将由违约实体支付给其交易对手）在违约情况下产生收益，包括在 DVA 估计值中。

CVA 计算中预期暴露的另一个主要部分，即在重置期间 MtM 的潜在增加，与 DVA 计算是类似的。根据 ISDA 条款，对幸存实体的索赔价值等于在合理期限内从互换交易商收到的报价的平均值。所以负预期暴露将包括 MtM 的变化，在某种程度上类似于 CVA。然而，在计算上还是存在区别：在 CVA 计算中，MtM 的潜在增长是通过 MtM 10 天或 20 天的预期增长来衡量的；在 DVA 的计算中，负预期暴露的潜在增长也是通过一段时间的预期变化来衡量的，幸存交易对手接受报价的"合理时间"以法律解释为准。

与 1.3 的 CVA 计算类似，新巴塞尔协议规定的初始保证金使 DVA 的计算有了两种情况，由于违约后 MtM 增加而产生的额外风险将由初始保证金支付，MtM 的最大金额由 PFE 估计。初始保证金具有隔离担保品的性质（见第 3 章），违约实体不能在初始保证金上违约，因此对于这项规定覆盖的实体而言，是没有 DVA 收益的。

含担保品的 DVA 计算公式为

$$DVA_A^A(t) = -LGD_A \sum_{t_i=t}^{T-1} PD_A(t_i, t_{i+1}) NEE_A^A(t_i) \qquad (\text{XIV})$$

其中，负预期暴露等于：

对于未被巴塞尔保证金规则覆盖的实体：

$$DVA_A^A(t_i) = -LGD_A \sum_{t_i=t}^{T-1} PD_A(t_i, t_{i+1}) \, \mathbb{E}_t \Big[D(t,t_i) \{ \underbrace{1_{\{0 \geq PV_A^A(t_i) \geq -H\}} (PV_A^A(t_i) + \Delta^- PV_A^A(t_i))}_{\text{如果MtM在阈值}H\text{之内，那么负预期}\atop\text{暴露等于MtM加上合理期间内的负变动}}$$

$$+ \underbrace{1_{\{-H > PV_A^A(t_i)\}}(-H + \Delta^- PV_A^A(t_i))}_{\text{如果MtM超过了阈值，那}NEE\text{等于阈}\atop\text{值加上合理期间内的负变动}} \} \Big] \qquad (\text{XV})$$

对于被巴塞尔保证金规则覆盖的实体（金融公司和系统重要性非金融公司）：

$$DVA_A^A(t_i) = -LGD_A \sum_{t_i=t}^{T-1} PD_A(t_i, t_{i+1}) \, \mathbb{E}_t \Big[D(t,t_i) \{ \underbrace{1_{\{0 \geq PV_A^A(t_i) \geq -H\}} PV_A^A(t_i)}_{\text{如果MtM在阈值}H\text{之内，}\atop\text{负预期暴露等于MtM}} - \underbrace{1_{\{-H > PV_A^A(t_i)\}} H}_{\text{如果MtM超过了阈值，}\atop\text{则}NEE\text{等于阈值}} \} \Big]$$

$$(\text{XVI})$$

2.4　含担保品信用风险的 DVA 公式

DVA 的计算中如果考虑了担保品违约风险将会怎么样呢？是不是和 CVA 有对称的结构呢？在 1.4 中，我们展示了包含担保品违约风险的 CVA 最完整的计算公式，我们是这样评估风险的：

> 某个具有负 MtM 的实体 A，如果在违约时已经向 B 提供了担保品，根据 CSA 条款，A 的索赔价值是在合理期间内从互换交易商处收到的报价的平均值。如果在这个时期内，MtM 增长了，使得 A 提交的担保品的数额超过了其负 MtM 的绝对值（且假设担保品不能取回），A 将有一个负预期暴露和等于超额担保品的索赔权。如果交易双方都是"被覆盖实体"，这个索赔权将被初始保证金覆盖（通过隔离免疫违约）。但对于"非覆盖实体"，就不是这样了。

我们现在从 DVA 的角度考虑同样的情况。A 已经收到担保品，但如果违约，可能无法全额返还，这可被视为一种收益。与 CVA 分析一样，我们必须记住，提交给违约交易对手的担保品代表违约交易对手的 MtM 为正值，保留担保品可以被视为收入，但只要担保品不被归还，幸存的交易对手就不会支付与互换终止相关的款项。所以，在假设违约后 MtM 没有立刻改变的情况下，违约方并没有净收益。

当违约发生时，互换终止
具有正MtM的实体，具有索赔权
根据ISDA条款，索赔的价值是在
合理时间内从交易商处收到的平
均报价
如果在违约发生后，MtM下降至
低于收到的担保品数额，A就产
生了额外的风险暴露。对MtM的
下降取期望，我们将预期暴露添
加至DVA中

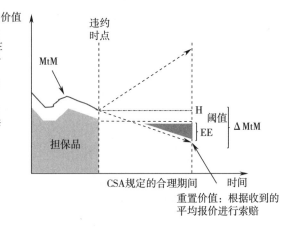

图4　DVA 的计算：收到的担保品的预期暴露

我们假设 A 有正的 MtM 并且持有担保品。如果 MtM 减少了（从 A 的视角看），A 就持有了超额担保品。我们可以把这些超额担保品看作 A 的预期暴露的一部分。在我们一直使用的描述交易对手信用风险的指标体系下，从 A 的角度看，这些超额担保品的价值就是预期暴露（见图 4）。

我们现在能得出 DVA 最完整的公式：

$$DVA_A^A(t) = - LGD_A \sum_{t_i=t}^{T-1} PD_A(t_i, t_{i+1}) [NEE_A^A(t_i) - NEE_B^A(t_i)] \qquad (XⅦ)$$

其中，折现预期暴露项 $EE_B^A(t_i)$ 反映已交付担保品的信用风险。

对于巴塞尔协议覆盖的实体有：

$$NEE_A^A(t_i) = \mathbb{E}_t[D(t,t_i)\{1_{\{0 \geqslant PV_A^A(t_i) \geqslant -H\}} PV_A^A(t_i) - 1_{\{-H > PV_A^A(t_i)\}} H\}] \qquad (XⅧ)$$

对于未覆盖实体有：

$$NEE_A^A(t_i) = \mathbb{E}_t[D(t,t_i)\{1_{\{0 \geqslant PV_A^A(t_i) \geqslant -H\}} (PV_A^A(t_i) + \Delta^- PV_A^A(t_i))$$

$$+ 1_{\{-H > PV_A^A(t_i)\}} (-H + \Delta^- PV_A^A(t_i))\}] \qquad (XIX)$$

$$EE_B^A(t_i) = \mathbb{E}_t[D(t,t_i)Min\{0;(\Delta^- PV_A^A(t_i) + H)\}1_{\{PV_A^A(t_i) > H\}}] \qquad (XX)$$

2.5　CVA 和 DVA：双边调整公式

衍生品的价值通常既反映交易对手的潜在违约，又反映自身违约带来的收益。担保品的风险中性定价与无风险定价将被 CVA 和 DVA 调整[2]。

为了简单起见，我们首先提出一个不含担保品以及担保品信用风险的 CVA公式。

我们用 $V_A^{AB}(t)$ 表示从 A（下标）的视角出发的信用调整价值，它是基于交易对手风险以及 A 和 B（上标）的潜在违约得出的值。$V_A(t)$ 依然是投资组合的风险中性价值：

$$V_A^{AB}(t) = V_A(t) + CVA_A^B(t) + DVA_A^A(t) \qquad (XXI)$$

其中，

$$CVA_A^B(t) = - LGD_B \mathbb{E}_t \left[1_{\{\tau_B \leqslant Min(\tau_A, T)\}} D(t, \tau_B)(V_A(\tau_B))^+ \right] \qquad (XXII)$$

$$DVA_A^A(t) = LGD_A \mathbb{E}_t \left[1_{\{\tau_A \leqslant Min(\tau_B, T)\}} D(t, \tau_A)(V_A(\tau_A))^- \right] \qquad (XXIII)$$

我们现在将其改为离散时间情况。我们进一步假设 A 的违约时间独立于 B 的违约时间，基于我们已经得到的 CVA 和 DVA 表达式，我们现在引入 CSA 和担保品带来的效应，但我们依然假设担保品没有信用风险。

$$CVA_A^B(t) = - LGD_B \sum_{t_i = t}^{T-1} PD_B(t_i, t_{i+1}) [1 - PD_A(t_i, t_{i+1})] EE_A^B(t_i) \qquad (XXIV)$$

$$DVA_A^A(t) = - LGD_A \sum_{t_i = t}^{T-1} PD_A(t_i, t_{i+1}) [1 - PD_B(t_i, t_{i+1})] NEE_A^A(t_i) \qquad (XXV)$$

在担保品存在信用风险的 CSA 下，$EE_A^B(t_i)$ 和 $EE_A^A(t_i)$ 的形式是之前在 CVA 和 DVA 公式推导过程中提到的那个形式。

双边 CVA（BCVA）公式由两部分组成：

$$BCVA_A^B(t) = CVA_A^B(t) + DVA_A^A(t) \qquad (XXVI)$$

3 金融理论中的 DVA 和 CVA

这一部分我们将描述金融理论[3] 中的 CVA 和 DVA 表达。

我们首先定义一个具有利率期限结构的金融市场。利率期限结构在金融理论中经常用到，尤其是 Heath Jarrow Morton（HJM）模型[4] 中。这为债券及其相关衍生品的定价设置了关键概念。然后我们将介绍可违约债券。该部分主要介绍和交易对手信用风险相关的关键概念 CVA（信用价值调整）和 DVA（负债价值调整）的定义和计算。

在所有涉及 CVA 和 DVA 的章节中，我们都将这一部分内容作为从更实际的角度提出的主要的概念基础。

3.1 一个典型的金融市场框架

我们在概率空间 $(\Omega, \{F_{t \in [0, T_F]}\}, F_{TF}, \mathbb{P}_I)$ 中定义一个连续时间交易的金融市场，其中，事件集 $\{F_t\}$ 表示在 t 时刻可获得的信息（包括违约信息），包含所有可度量事件。市场允许参与者在连续时间上交易证券，包括到期日在担保品存在信用风险的 CSA 下，$EE_A^B(t_i)$ 和 $EE_A^A(t_i)$ 的形式是之前在 CVA 和连续时间交易的金融市场是在一个带 $\{F_t\}$ 滤子的概率空间 $(\Omega, \{F_{t \in [0,T_F]}\}, F_{T_F}, \mathbb{P}_t)$ 中被定义的，即一系列 σ–代数使 $F_{t-1} \subset F_t$ 成立，包括所有可测度事件，且代表了在 t 时刻包括违约信息在内的所有可用信息。该市场允许参与者交易连续时间证券，包括在 $[0, T_F]$ 内具有连续到期时间的债券和零息票债券。

$W_t = (W_{1t}, W_{2t}, \cdots, W_{N,t})$ 是 N 维布朗运动，表示市场不确定性的来源，r_t 是 t 时刻的即期利率。

连续时间投资在 t 时刻 r_t 利率下的价值 $B_t = \mathrm{e}_0^{\int^t r_s \mathrm{d}s}$；$t$ 到 T 时刻的贴现率

$$D(t,T) = \frac{B_t}{B_T} = \mathrm{e}^{-\int_t^T r_s \mathrm{d}s}。$$

$P(t,T)$ 是 T 时刻到期的零息债券在 t 时刻的价格，假设其遵循扩散过程：

$$\mathrm{d}P(t,T) = P(t,T)r_t \mathrm{d}t + P(t,T)\Omega_{t,T}\mathrm{d}W_t \tag{1}$$

其中，$\Omega_{t,T}$ 是瞬时波动率矩阵。

我们假设金融市场不提供套利机会（或者说不存在无风险收益），也就是说在任何市场状态下都不可能通过零成本的交易来获得收益。

我们进一步假设金融市场是完全的。任何用可测度的随机变量定义的支付都能用初始的市场证券来复制，而在 $t=0$ 时刻之后不再需要现金（交易策略是自筹资金）。

在这些假设之下，存在等价于初始市场概率 $\mathbb{P}_t$ 的风险中性概率。在风险中性概率下，所有资产的即期收益率都等于无风险利率 r_t。因此，任何在 T 时刻具有 X_T 偿付额的证券在 t 时刻的价值，可以通过求 X_T 在风险中性概率 $\mathbb{P}$ 下的贴现期望得到：

$$\mathbb{E}\left(X_T \mathrm{e}^{-\int_t^T r_s \mathrm{d}s} \mid F_t\right) \tag{2}$$

这个结果我们称为基本定价理论。我们从中能得出零息债券的价格 $P(t,T)$：

$$P(t,T) = \mathbb{E}\left[\left(\mathrm{e}^{-\int_t^T r_s \mathrm{d}s} \mid F_t\right)\right] = \mathbb{E}_t\left[\mathrm{e}^{-\int_t^T r_s \mathrm{d}s}\right] = \mathbb{E}_t[D(t,T)] \tag{3}$$

用 Z_t^T 表示 T 时刻到期的零息债券的连续复利率，用 $L(t,T)$ 表示简单复利率。注意，简单复利率不一定等于 Libor。还要注意，$(T-t)$ 是根据计算合约规定的交易日计算出的贴现时间。

$$P(t,T) = \mathrm{e}^{-Z_t^T(T-t)} = \frac{1}{1 + (T-t)L(t,T)} \tag{4}$$

3.2　远期利率协议（FRA）和互换定价

我们这样定义远期利率协议（FRA）：合约的持有者将获得一笔支付，该支付的价值取决于未来两个日期 T 和 $S(S > T)$ 之间合约利率与简单利率的差额。所以 FRA 在 S 时刻的价值为

$$FRA_{T,S}(S) = N[K_0 - L(T,S)](S - T) \tag{5}$$

我们首先假设 FRA 合约不存在违约风险（FRA 合同是完全被担保的，或者 FRA 合约的交易对手的潜在违约不会改变支付额）。根据式（2）和式（4）能得出 FRA 在 t 时刻的价值：

$$FRA_{T,S}(t) = N(S - T)P(t,S)\left[K_0 - \frac{1}{(S - T)}\left(\frac{P(t,T)}{P(t,S)} - 1\right)\right] \tag{6}$$

如果我们用 $L_t^*(T,S)$ 表示在 t 时刻，从 T 到 S 时间段的简单复利率 $L(T,S)$ 的远期价值，用 $P_t^*(T,S)$ 表示在 $t(t < T < S)$ 时刻，从 T 时刻开始到 S 时刻到期的零息债券的远期价值，我们可以得到简单复利率和其远期价值之间的关系：

$$\frac{1}{P(t,T)}\frac{1}{P_t^*(T,S)} = \frac{1}{P(t,S)} = 1 + (S - t)L(t,S)$$

$$= [1 + (T - t)L(t,T)][1 + (S - T)L_t^*(T,S)] \tag{7}$$

从这个公式可以看出，对于 t 时刻 $FRA_{T,S}$ 的价值，我们可以用 $L_t^*(T,S)$ 来替代 $L(T,S)$。

特别地，在初始时刻 t_0，$FRA_{T,S}$ 的价值为 0（没有初始付款的衍生品合约在初始时的公允价值），如果 FRA 的票面简单复利率 K_0 等于 $L_{t0}^*(T,S)$，那么 t_0 时刻的远期价值等于简单复利率。

在已知 $FRA_{T,S}$ 在 t 时刻的价格是通过用 $L_t^*(T,S)$ 替换 $L(T,S)$ 得到的以后，我们可以将等式（2）（基本定价理论）应用于 S 时刻 $FRA_{T,S}$ 的不确定性收益，得到：

$$L_t^*(T,S) = \mathbb{E}(L(T,S) \mid F_t) = \mathbb{E}_t(L(T,S)) \tag{8}$$

简单复利率 $L(T,S)$ 在 t 时刻的远期价值是基于 t 时刻可以获得的信息，在风险中性概率 $\mathbb{P}$ 下所得到的 $L(T,S)$ 的期望。需要再次重申的是，我们目前一直假设 $FRA_{T,S}$ 合约是受违约保护的。

在一份给定名义价值 N 和到期日 T 的互换合约中，双方会在一系列预先约定的日期 $T_1, T_2, \cdots, T_N(T_N = T)$，时交换利息支付。其中，合约的一方支付固定利率 K_0，另一方支付浮动利率的未来实现值。互换可以被视为一个 $FRA_{T_i,T_{i+1}}$ 的序列，其中合约的票面利率为 K_0；也可视为固定利率债券（互换的固定方）持有人将其固定利率息票与浮动利率息票（互换的浮动方）互换的合同。互换合约的接受方将在每个付款期 $T_{i+1}(i = 0, \cdots, n - 1)$ 支付给互换合约的持有方：

$$N(T_{i+1} - T_i)[K_0 - L(T_i, T_{i+1})] \tag{9}$$

在 FRA 的定价公式中，我们可以用定价日的远期价值替换未来价值 $L(T_i, T_{i+1})$，从而得到互换（接受方）在 T_0 时刻的价值：

$$V(T_0) = \sum_{i=1}^{n} P(T_0, T_i) N(T_i - T_{i-1}) [K_0 - L_{T_0}^*(T_{i-1}, T_i)] \tag{10}$$

在此之后的时间点 $t < T$，互换的价值为（假设 $T_{h-1} < t < T_h$）：

$$V_t = \sum_{i=h}^{n} P(t, T_i) N(T_i - T_{i-1}) [K_0 - L_t^*(T_{i-1}, T_i)] \tag{11}$$

将公式（2）（基本定价理论）应用于互换产生的随机现金流，我们能得到：

$$V(t) = \mathbb{E}_t \left\{ \sum_{i=h}^{n} D(t, T_i) N(T_i - T_{i-1}) [K_0 - L_t(T_{i-1}, T_i)] \right\} \tag{12}$$

折现因子 $D(t, T_i)$ 之和是确定的，等于 $P(t, T_i)$，用 $C(t, T)$ 表示互换合约在 t 到 T 期间的贴现现金流，则

$$V(t) = \mathbb{E}_t [C(t, T)] \tag{13}$$

这个一般公式适用于任何有现金流产生的衍生品。

在初始时刻 T_0，互换的价值通常从 0 开始（意味着没有来自任何一方的预付款），K_0 必须等于简单复利率远期价值 $L_{T_0}^*(T_{i-1}, T_i)$ 的加权平均。K_0 的这个值是到期日为 $T_n = T$ 的固定利率互换在 T_0 时刻的价值 S_{T_0}。

$$S_{T_0} = \sum_{i=1}^{n} \frac{(T_i - T_{i-1}) P(T_0, T_i)}{\sum_{i=1}^{n} (T_i - T_{i-1}) P(T_0, T_i)} L_{T_0}^*(T_{i-1}, T_i) \tag{14}$$

根据远期价值 $L_{T_0}^*(T_{i-1}, T_i)$ 和零息债券远期价值之间的关系，以及 $\frac{1}{P(T_0, T_{i-1})} \frac{1}{P_{T_0}^*(T_{i-1}, T_i)} = \frac{1}{P(T_0, T_i)}$，互换利率可以用一种更简单的形式表达：

$$S_{T_0} = \frac{1 - P(T_0, T_n)}{\sum_{i=1}^{n} (T_i - T_{i-1}) P(T_0, T_i)} \tag{15}$$

假设违约风险已经完全消除，互换利率在 T_0 时刻可被认为是在 T_0 发行的、到期日为 T、现金流贴现价格为 $P(T_0, T_i)$ 的附息债券的利率 R_{T_0}。对于这种按面值发行的债券，有：

$$1 = \sum_{i-1}^{n} R_{T_0}(T_i - T_{i-1}) P(T_0, T_i) + P(T_0, T_n) \tag{16}$$

类似于从式（12）中得到 S_{T_0} 的方式，从式（13）中，我们可以得到 R_{T_0} 的表达式：

$$R_{T_0} = \frac{1 - P(T_0, T_n)}{\sum_{i=1}^{n} (T_i - T_{i-1}) P(T_0, T_i)} \tag{17}$$

3.3　可违约债券建模

在本节中，我们将介绍用于可违约工具（如可违约债券和信用违约互换）的符号和方法。我们着重分析约简（Reduced-form）模型。

3.3.1　构建约简违约模型

在约简信用风险模型中，违约被视为一种外生事件。对于某实体 X，假设其有违约风险（即无法在自己的承诺的时间履行支付义务），我们重点关注违约时间 τX 和违约概率。具体来说，约简违约风险模型遵循以下假设：

已知实体 X 迄今为止没有违约记录，其在 t 到 $t+dt$ 时间内的违约概率为

$$\mathbb{P}\left(\tau_X \le t + dt \mid \tau > t\right) = \lambda(t)\,dt \tag{18}$$

可得

$$\mathbb{P}_t\left(\tau_X > T\right) = \mathbb{P}\left(\tau_X > T \mid \tau_X > t\right) = e^{-\int_t^T \lambda(s)\,ds} \tag{19}$$

其中，τX 为实体 X 违约的时点，$\lambda()$ 是一个确定性函数，表示短时间内发生违约事件的概率密度。

特别地，在初始时间点：

$$\mathbb{P}\left(\tau_X > t\right) = e^{-\int_0^t \lambda(s)\,ds} \tag{20}$$

3.3.2　可违约债券定价

考虑一个实体 X 发行的零息可违约债券，首次违约时点为 τX，概率密度为 λX。在 t 时刻，X 实体发行的到期日为 T 的可违约零息债券的价格为 $P_X(t,T)$。可违约债券的相应利率为 $Z_{X,t}^T = Z_t^T + s_{X,t}^T$，其中 $S_{X,t}^T$ 是实体 X 相对于无风险零息债券的信用息差。为了简化符号，我们还假设，即使违约发生在 T 时刻之前，也只有在 T 时刻，一单位货币的支付不会被违约实体兑现。最后，我们假设，当违约发生时，1 单位的货币支付会被替换为 R_X（$R_X < 1$）单位的货币支付，其中违约损失率 $LGD_X = 1 - R_X$，R_X 不能为 0，否则就是非违约的情况了。

价格 $PX(t,T)$ 可以视为在风险中性概率下，违约发生和违约不发生这两种情况下的零息债券价值的期望。我们用事件指示函数来表达这种情形：如果事件 A 发生，则事件指示函数等于 1；如果 A 不发生，则为 0。在 T 时刻，如果违约发生 $1_{\{\tau_X \le T\}} = 1$，零息债券的支付为 R 而不是 1；如果违约没有发生 $1_{\{\tau_X \le T\}} = 1$，零息债券的支付为 1。F_t 表示 T 时刻的所有信息，包括违约信息，因此 $\{\tau_X \le T\}$ 和 $\{\tau_X > T\}$ 包括在 F_t 当中。此外，$\{\tau_X \le t\}$ 和 $\{\tau_X > t\}$ 在 t 时刻实现。

$$P_X(t,T) = \mathbb{E}\left\{R1_{\{t_X \le T\}} + 1_{\{\tau_X > T\}} \mid F_t\right\} = \mathbb{E}_t\left[D(t,T)\left[R1_{\{\tau_X \le T\}} + 1_{\{\tau_X > T\}}\right]\right]$$

$$\tag{21}$$

我们能得到如下表达式：

$$P_X(t,T) = P(t,T)\left[R\mathbb{P}_t(\tau_X \leq T) + \mathbb{P}_t(\tau_X > T)\right] \tag{22}$$

$$P_X(t,T) = P(t,T)\left[(1-R)\,\mathbb{P}_t(\tau_X > T) + R\right]$$
$$= P(t,T)\left[\mathbb{P}_t(\tau_X > T)LGD + (1-LGD)\right] \tag{23}$$

$$P_X(t,T) = \mathbb{E}_t\left[e^{-\int_t^T r_s ds}\right]\mathbb{E}_t\left[e^{-\int_t^T \lambda_X(s)ds}LGD + (1-LGD)\right] \tag{24}$$

如果我们用 $r_{x,t}$ 表示实体 X 的即期利率，并假设 LGD 等于 1（当违约发生时，回收率为 0），我们得到以下表达式：

$$P_X(t,T) = \mathbb{E}_t\left[e^{-\int_t^T r_{x,s}ds}\right] = \mathbb{E}_t\left[e^{-\int_t^T r_s ds}\right]\mathbb{E}_t\left[e^{-\int_t^T \lambda_X(s)ds}\right] = \mathbb{E}_t\left[e^{-\int_t^T (r_s + \lambda_X(s))ds}\right]$$
$$\tag{25}$$

在这种情况下，实体 X 的违约密度函数等于其信用息差。

$$r_{X,t} = r_t + \lambda_X(t) \tag{26}$$

现在定义连续复利违约密度为 $\Lambda_{x,t}^T$，$\mathbb{E}_t\left[e^{-\Lambda_{X,t}^T(T-t)}\right] = \mathbb{E}_t\left[e^{-\int_t^T \lambda_X(s)ds}\right]$ 根据已经得到的可违约零息利率和息差，我们可以得到：

$$Z_{X,t}^T = Z_t^T + \Lambda_{X,t}^T \tag{27}$$

如果我们不再假设 LGD 等于 1，我们重新用 $Z_{X,t}^T$、Z_t^τ 和 $\Lambda_{X,t}^T$ 对式（21）进行改写，就能推导出可违约零息利率的一阶线性近似：

$$e^{-Z_{X,t}^T(T-t)} = e^{-Z_t^T(T-t)}\left\{LGD e^{-\Lambda_{X,t}^T}(T-t) + (1-LGD)\right\} \tag{28}$$

$$Z_{X,t}^T \cong Z_t^T + \Lambda_{X,t}^T LGD \tag{29}$$

我们发现，X 的信用息差可以通过其违约概率密度和违约损失率的乘积来近似计算。

3.4 可违约互换建模：CVA

对可违约债券建模的方法起源于 20 世纪 90 年代，它是从市场外投资者的角度来建模的，也就是说，在模型中包含投资者自身的信用质量是有意义的。

当人们的注意力转向衍生品和互换交易时，必须考虑其双边性质。我们所说的双边性是指互换合约双方的违约风险是合约的内在组成部分，因为它直接影响合约未来的所有支付，进而影响互换合约的价格。

如上文所述［见公式（5）至公式（15）］，两个实体 A 和 B 之间的互换交易通常从 0 价值开始。之后，在其合约周期内，其价格（MtM）会变正或变负。从 A 的角度来看，正的 MtM 意味着 A 和 B 之间支付的净现值对 A 是正的，对 B 是负的。因此，A 面临交易对手信用风险，即 B 违约的风险。为了减轻这种风险，A 通常要求 B 以现金或证券形式交付相当于 MtM 金额的担保品。但是互换的 MtM 可能会随时间而改变符号，B 可能会有一个正的 MtM，而 A 有一个负的 MtM，这次轮到 B 承担 A 违约的风险并要求担保品。

MtM 为正的交易方 A 应在互换价格中计入其交易对手潜在违约带来的影响，这种调整称为信用价值调整。

同时，A 自身也可能违约，可能不能将全部款项支付给 B，这也应该体现在价格中。这种调整称为负债价值调整。

3.4.1　CVA：不含担保品的正式表达式

考虑上述互换和衍生品定价公式（11）到公式（13）（其暗含的假设是不存在违约），我们用 A 和 B 表示合约的交易双方。假设我们从 A 的角度为衍生品定价，并假设 B 有违约可能但 A 不会违约。

我们把 $V_A(t)$ 称为互换的价值或从 A 的角度、在不考虑 B 违约的情况下的衍生品价值，如果考虑 B 的违约风险，这个价值将变为 $V_A^B(t)$。τ_B 是 B 违约的时点，这意味着事件 $\{\tau_B > T\}$ 即为"在合约周期内 B 没有违约"，反之，$\{\tau_B \leq T\}$ 表示 B 违约。利用上述（13）式，用 $C_A(t,T)$ 表示互换现金流的折现值（从 A 的角度），在不考虑任何违约风险的情况下，我们能写出衍生品在无风险情况下的价值：

$$V_A(t) = \mathbb{E}_t[C_A(t,T)] \tag{30}$$

如果我们引入 B 违约的可能，就可以将期望分为两部分：$\{\tau_B > T\}$ 和 $\{\tau_B \leq T\}$，使用事件指示函数 $1_{\{\tau_B > T\}}$，如果 B 没有违约，则等于 1，否则等于 0。

如果 B 没有违约，则我们在 $\{\tau_B > T\}$ 的事件区间上讨论，现金流的情况和无违约风险的情况一样。

因此，两部分期望中，$1_{\{\tau_B > T\}}$ 的部分为 $\mathbb{E}_t[1_{\{\tau_B > T\}}C_A(t,T)]$。

现在我们关注 $\{\tau_B \leq T\}$ 部分，我们需要将期望算子应用于所有可能的衍生品现金流。

在违约时点 τ_B 之前，所有的现金流在 t 时刻的折现值等于 $C_A(\tau, \tau_B)$。

一旦 B 违约发生了，会有两种情况：

——如果在 τ_B 时刻衍生品的价值对 A 来说是正的，即 $V_A(\tau_B) < 0$ 或 $(V_A(\tau_B))^+ = \text{Max}(V_A(\tau_B), 0) > 0$，那么 A 将会收到 τ_B 时刻的回收价值 $R_B(V_A(\tau_B))^+$；

——如果衍生品的价值对 A 来说是负的，即 $V_A(\tau_B) < 0$ 或 $(-V_A(\tau_B))^+ > 0$，那么 A 必须支付合约价值给 B，因为在违约时点合约是按市值计价的。

由此，我们可以推出衍生品的定价法则：

$$V_A^B(t) = \mathbb{E}_t[1_{\{\tau_B > T\}} C_A(t, T)] + \mathbb{E}_t[1_{\{\tau_B \leqslant T_1\}}[C_A(t, \tau_B)$$
$$+ D(t, \tau_B)\{R_B(V_A(\tau_B))^+ - (-V_A(\tau_B))^+\}]] \tag{31}$$

由于 $C_A(t, T)$ 表示 t 时刻非违约情况下衍生品现金流的折现值，我们能写出违约情形下的表达式（$1_{\{\tau_B \leqslant T\}} = 1$）：

$$1_{\{\tau_B \leqslant T\}} C_A(t, T) = 1_{\{\tau_B \leqslant T\}}[C_A(t, \tau_B) + D(t, \tau_B)\{R_B(V_A(\tau_B))^+ - (-V_A(\tau_B))^+\}] \tag{32}$$

如果我们利用式（32）将 $1_{\{\tau_B \leqslant T\}} C_A(t, \tau_B)$ 写为 $1_{\{\tau_B \leqslant T\}} C_A(t, T)$ 的函数，且

$$\mathbb{E}_t[1_{\{\tau_B \leqslant T\}} C_A(t, T) + 1_{\{\tau_B > T\}} C_A(t, T)] = \mathbb{E}_t[C_A(t, T)] = V_A(t) \tag{33}$$

我们就可以得到：

$$V_A^B(t) = \underbrace{\mathbb{E}_t[C_A(t, T)]}_{\text{风险中性无违约风险价值}} - \underbrace{\mathbb{E}_t[1_{\{\tau_B \leqslant T\}} D(t, \tau_B)(1 - R_B)(V_A(\tau_B))^+]}_{CVA：由于B违约所产生的预期损失} \tag{34}$$

$V_A^B(t)$ 的表达式可以解释为衍生品在无违约风险情况下的价值减去交易对手 B 违约时的预期损失。第二项是 CVA，它是从 A 的角度得到的针对 B 违约的信用价值调整。如果忽略 A 自己的违约风险，我们可以得到衍生品定价公式：

$$V_A^B(t) = V_A(t) + CVA_A^B(t) \tag{35}$$

用同样的方法，使用事件指示函数，我们现在引入 A 也可能违约的情形。在 A 发生违约的情况下，A 支付给 B 的数额将比无违约情形下少。

3.4.2 CVA：无担保品离散时间情形下的公式

现在我们将式（34）的 CVA 的表达式转换为离散时间下的表达式，这将推出第 1 节中讨论的表达式。在此过程中，我们建立了 CVA 计算理论与实际实现之间的联系：财务报告和 CVA 计算系统开发的实用方法。

我们假设在投资组合的整个生命周期内时间是离散的，有一系列时点 t_i，$i = 0, \cdots, N$。

CVA 在式（34）中的表达式为

$$-\mathbb{E}_t[1_{\{\tau_B \leqslant T\}} D(t, \tau_B)(1 - R_B)(V_A(\tau_B))^+] \tag{36}$$

我们可以将其改写为离散的形式：

$$-\sum_{t_i = t}^{T-1} \mathbb{E}_t[1_{\{t_i \leqslant \tau_B < t_{i+1}\}} D(t, t_i)(1 - R_B)(V_A(t_i))^+] \tag{37}$$

如果回收率不是随机的并且假设违约概率是独立于衍生品组合的价值改变的，我们能得到

$$-\sum_{t_i = t}^{T-1} (1 - R_B) \mathbb{E}_t[1_{\{t_i \leqslant \tau_B < t_{i+1}\}}] \mathbb{E}_t[D(t, t_i)(V_A(t_i))^+] \tag{38}$$

我们用 $EE_A^B(t_i)$ 表示从 A 的视角得到的在 t_i 时刻组合的预期折现正价值。

同时，B 在 t_i 到 t_{i+1} 时刻的违约概率为

$$PD_B(t_i, t_{i+1}) = \mathbb{E}_t\left[1_{|t_i \leq \tau_B < t_{i+1}|}\right] \tag{39}$$

因此，式（38）中的 CVA 表达式能改写为

$$CVA_A^B(t) = -(1 - R_B)\sum_{t_i=t}^{T-1} PD_B(t_i, t_{i+1})EE_A^B(t_i) \tag{40}$$

这就是在第 1 节中展示的 CVA 表达式。

在式（40）中，我们将 B 的违约概率和信用息差联系在了一起。

$$PD_B(t_i, t_{i+1}) = \mathbb{P}(\tau_B \geq t_i \mid \tau_B \geq t) - \mathbb{P}(\tau_B \geq t_{i+1} \mid \tau_B \geq t) \tag{41}$$

但是我们知道，$\mathbb{P}(\tau_B \geq t_i \mid \tau_B > t) = e^{-\Lambda_{B,t}^{t_i}(t_i-t)}$，其中 $\Lambda_{B,t}^{t_i}$ 是在 t 时刻得到的 t_i 时刻的 B 的连续复利违约密度。

我们在式（29）（针对零息无违约债券）中展示了到期日为 t_i 的连续复利违约密度能近似为

$$\Lambda_{B,t}^{t_i} \approx \frac{s_{B,t}^{t_i}}{LGD_B} \tag{42}$$

其中 $s_{B,t}^{t_i}$ 是在 t 时刻（到期日为 t_i）B 的信用息差。

$$PD_B(t_i, t_{i+1}) = \mathbb{P}(\tau_B \geq t_i \mid \tau_B \geq t) - \mathbb{P}(\tau_B \geq t_{i+1} \mid \tau_B \geq t) \tag{43}$$

$$PD_B(t_i, t_{i+1}) = e^{-\Lambda_{B,t}^{t_i}(t_i-t)} - e^{-\Lambda_{B,t}^{t_{i+1}}(t_{i+1}-t)} \tag{44}$$

$$PD_B(t_i, t_{i+1}) = e^{-\frac{s_{B,t}^{t_i}}{LGD_B}(t_i-t)} - e^{-\frac{s_{B,t}^{t_{i+1}}}{LGD_B}(t_{i+1}-t)} \tag{45}$$

因此，我们得到了 CVA 的计算公式：

$$CVA_A^B(t) = -LGD_B\sum_{t_i=t}^{T-1}\left[e^{-\frac{s_{B,t}^{t_i}}{LGD_B}(t_i-t)} - e^{-\frac{s_{B,t}^{t_{i+1}}}{LGD_B}(t_{i+1}-t)}\right]EE_A^B(t_i) \tag{46}$$

如果我们假设息差很小且 $e^{-\frac{s_{B,t}^{t_i}}{LGD_B}(t_i-t)} \cong 1 - \frac{s_{B,t}^{t_i}}{LGD_B}(t_i - t)$；B 的息差是一个常量即预期暴露随时间保持不变，等于其平均值（贴现预期正暴露），我们能得到一个简单直接的公式：

$$CVA_A^B(t) \cong -s_{B,t}^T EPE_A^B(t) \tag{47}$$

CVA 等于交易对手 B 的折现预期正暴露乘以其信用息差。

3.4.3　CVA：含担保品的正式表达式

ISDA 中的信用支持附件（CSA）管理整个衍生品组合（净额集）的担保品。考虑一个具有 N 种衍生品的组合（$k = 1, \cdots, N$），我们首先引入一些表达式：

t 时刻每种衍生品的信用价值调整为

$$V_{A,k}^B(t) \tag{48}$$

对于整个组合而言：

$$PV_A^B(t) = \sum_{k=1}^{N} V_{A,k}^B(t) \tag{49}$$

我们假设整个组合的信用风险因为衍生品而有所减少。我们用 H 表示阈值（假设最低转移金额为 0）。

我们用 Δt 表示重置期，用 $\Delta^+ V_{A,k}^B(t)$ 表示重置期间衍生品价值的增加。

对于组合中的任何衍生品，分别计算其在 t_i 时点的条件预期暴露（基于 t_i 时刻的违约情况），根据这个值是高于还是低于阈值，可以分为两类。

如果这个值高于阈值，即 $PV_A^B(t_i) \geqslant H$，则由第 k 种衍生品产生的风险暴露为

$$H \frac{V_{A,k}^B(t_i)}{PV_A^B(t_i)} + \Delta^+ V_{A,k}^B(t_i) \tag{50}$$

如果这个值在违约时点低于阈值，则由某衍生品产生的风险暴露就等于该衍生品在 t_i 时刻的价值（因为未受担保品保护）加上 MtM 在重置期间的增长：

$$V_{A,k}^B(t_i) + \Delta^+ V_{A,k}^B(t_i) \tag{51}$$

在式（50）中，第一项是衍生品 k 的阈值乘以其在组合中所占的比例，注意这个值对于某一个衍生品来说可能是负的，但我们会加总净额集中的所有风险暴露；一些衍生品会对风险暴露产生负的影响，因为衍生品可能会对市场变量的改变有不同的反应。

在式（50）中，第二项是衍生品 k 在重置时期的价值改变的预期。

$$t[i(i+1)]$$

在 t 时刻，B 在 $[t_i, t_{i+1}]$ 期间违约，衍生品 k 的预期暴露为

$$EE_{A,k}^B(t_i) = \mathbb{E}_t \left[1_{\{0 \leqslant PV_{A,k}^B(t_i) \leqslant H\}} D(t,t_i) \left[V_{A,k}^B(t_i) + \frac{\Delta^+ V_{A,k}^B(t_i)}{LGD_B} \right] \right] \qquad 如果低于阈值$$

$$+ \mathbb{E}_t \left[1_{\{H < PV_{A,k}^B(t_i)\}} D(t, t_i + \Delta t) \frac{\Delta^+ V_{A,k}^B(t_i)}{LGD_B} \right] \qquad 如果高于阈值$$

$$+ \mathbb{E}_t \left[1_{\{H < PV_{A,k}^B(t_i)\}} D(t, t_i + \Delta t) H \frac{\Delta^+ V_{A,k}^B(t_i)}{PV_A^B(t_i)} \right] \tag{52}$$

我们只需要根据 $[t_i, t_{i+1}]$ 期间违约发生的概率 $PD_B(t_i, t_{i+1})$ 对预期暴露进行加权，然后加总所有的时点 t_i 以及所有的 N 中的衍生品，就能计算出 CVA。

$$CVA_A^B(t) = \sum_{k=1}^{N} CVA_{A,k}^B(t) \tag{53}$$

$$CVA_{A,k}^B(t) = -LGD_B \sum_{t_i=t}^{T} PD_B(t_i, t_{i+1}) EE_{A,k}^B(t_i) \tag{54}$$

因此有：

$$CVA_A^B(t) = -LGD_B \sum_{k=1}^{N} \sum_{t_i=t}^{T} PD_B(t_i, t_{i+1}) EE_{A,k}^B(t_i) \tag{55}$$

如果我们得到了预期暴露，在组合层面加总时就会得到一个相对简单的表达式。

为了进一步简化，我们假设 $D(t, t_i + \Delta t) \cong D(t, t_i)$，就能得到

$$CVA_A^B(t) = -LGD_B \sum_{t_i=t}^{T} PD_B(t_i, t_{i+1}) EE_A^B(t_i) \tag{56}$$

$$EE_A^B(t_i) = \mathbb{E}_t \left[D(t, t_i) \left\{ 1_{\{0 \leqslant PV_A^B(t_i) \leqslant H\}} \left(PV_A^B(t_i) + \frac{\Delta^+ PV_A^B(t_i)}{LGD_B} \right) \right. \right.$$

$$\left. \left. + 1_{\{H < PV_A^B(t_i)\}} \left(H + \frac{\Delta^+ PV_A^B(t_i)}{LGD_B} \right) \right\} \right] \tag{57}$$

$$CVA_A^B(t) = -LGD_B \sum_{t_i=t}^{T} PD_B(t_i, t_{i+1}) \mathbb{E}_t \left[D(t, t_i) \left\{ \underbrace{1_{\{0 \leqslant PV_A^B(t_i) \leqslant H\}}}_{\text{对于巴塞尔协议"未覆盖实体"}} \underbrace{\left(PV_A^B(t_i) + \frac{\Delta^+ PV_A^B(t_i)}{LGD_B} \right)}_{\text{风险暴露低于阈值时：正的}MtM\text{+重置期间组合价格的增长}} \right. \right.$$

$$\left. \left. + \underbrace{1_{\{H < PV_A^B(t_i)\}} \left(H + \frac{\Delta^+ PV_A^B(t_i)}{LGD_B} \right)}_{\text{风险暴露超过阈值时：阈值+重置期间组合价格的增长}} \right\} \right] \tag{58}$$

在担保品那一章，我们已经了解了担保品的主要流动模式：实际上已经交付的担保品（以保证金的形式）也是有违约风险的。

我们还知道，巴塞尔银行监管委员会建议，对于交易商银行和系统重要性非金融机构，监管机构应强制规定初始保证金高于重置期间 MtM 的最大（99% 的置信水平）潜在增幅。从 2016 年 9 月开始，这在美国成为现实。

如果我们想要一个符合现实情况的 CVA 计算公式来为交易对手信用风险定价，应该在公式中反映哪些方面呢？

首先，公式（56）只适用于没有初始保证金的情况。对于交易商银行和系统重要性市场参与者，有强制初始保证金要求，数值等于 99% 置信水平下重置期间的 PFE。我们因此可以假设 ΔPV_A^B 这一项不再是一个风险。

所以，对于巴塞尔协议覆盖的实体（金融机构和系统重要性非金融机构），CVA 表达式应该为

$$CVA_A^B(t) = -LGD_B \sum_{t_i=t}^{T} PD_B(t_i, t_{i+1}) \mathbb{E}_t \left[D(t, t_i) \left\{ \underbrace{1_{\{0 \leqslant PV_A^B(t_i) \leqslant H\}}}_{\substack{\text{对于金融机构与系统重要性非} \\ \text{金融机构，存在初始保证金}}} \underbrace{PV_A^B(t_i)}_{\text{风险暴露低于阈值时：正的}MtM} + \underbrace{1_{\{H < PV_A^B(t_i)\}} H}_{\text{风险暴露}=\text{阈值}} \right\} \right]$$

$$\tag{59}$$

对于其他所有实体，公式（56）是有效的。

接下来我们讨论已交付担保品的信用风险。

3.4.4　CVA：含担保品信用风险的正式表达式

在担保品那一章我们了解到，国际银行监管机构仅仅消除了作为初始保证金的担保品的违约风险，对于作为变动保证金的担保品，它仍面临接收主体违约的风险暴露。更准确地说，如果变动保证金与负 MtM 数额上是匹配的，担保品的风险暴露由它所代表的负 MtM 覆盖：如果担保品损失，负 MtM 风险暴露也会消失，幸存实体在收回担保品前不会支付负 MtM。但如果在重置期间 MtM 增加，这就不再有效了，因为 MtM 增加后不再与担保品相匹配。我们还需要注意，只有超过阈值的部分才提供担保品（从 A 的角度看，只有当净额集的负 MtM 低于阈值 H 时，A 才提交担保品）。最后，我们需要考虑的是违约时 MtM 未达到阈值的情况。

所以，我们能推导出担保品的期望损失：

$$LGD_B \sum_{t_i=t}^{T} PD_B(t_i, t_{i+1}) \, \mathbb{E}_t \left[D(t, t_i) 1_{\{PV_A^B(t_i) \leqslant -H\}} \{ \Delta^+ \, PV_A^B(t_i) - H \} \right] \quad (60)$$

如果我们将这种思考整合进 CVA，我们会得到包含 $-NEE_A^B(t_i)$ 项的下述公式，它对于新巴塞尔协议覆盖的实体或未覆盖实体都是一样的（该规则不处理变动保证金风险）。但是，$EE_A^B(t_i)$ 依然存在两种表达。

$$CVA_A^B(t) = -LGD_B \sum_{t_i=t}^{T} PD_B(t, t_{i+1}) \left[EE_A^B(t_i) - NEE_A^B(t_i) \right] \quad (61)$$

其中，

—折现预期暴露 $EE_A^B(t_i)$ 和之前没有担保品违约风险的公式类似，有两个形式，分别对应巴塞尔协议覆盖实体和未覆盖实体；

—额外折现负预期暴露项 $NEE_A^B(t_i)$ 反映担保品的风险。

巴塞尔协议覆盖实体：

$$EE_A^B(t_i) = \mathbb{E}_t \left[D(t, t_i) \{ 1_{\{0 \leqslant PV_A^B(t_i) \leqslant H\}} PV_A^B(t_i) + 1_{\{H < PV_A^B(t_i)\}} H \} \right] \quad (62)$$

未覆协议盖实体：

$$EE_A^B(t_i) = \mathbb{E}_t \left[D(t, t_i) \left\{ 1_{\{0 \leqslant PV_A^B(t_i) \leqslant H\}} \left(PV_A^B(t_i) + \frac{\Delta^+ \, PV_A^B(t_i)}{LGD_B} \right) \right. \right.$$

$$\left. \left. + 1_{\{H < PV_A^B(t_i)\}} \left(H + \frac{\Delta^+ \, PV_A^B(t_i)}{LGD_B} \right) \right\} \right] \quad (63)$$

$$-NEE_A^B(t_i) = \mathbb{E}_t \left[D(t, t_i) \{ \Delta^+ \, PV_A^B(t_i) - H \} 1_{\{PV_A^B(t_i) < -H\}} \right] \quad (64)$$

3.5　DVA

3.5.1　DVA 的正式表达式（不含担保品）

为了更好地理解 DVA 的概念，我们现在假设 B 是无违约的交易对手方，而

A 有违约的风险。我们尝试在 A 和 B 之间的互换衍生品定价中反映这种可能性。

相比从 A 的视角所得的衍生品的无违约风险价值 $V_A(t)$，我们引入 $V_A^A(t)$ 来反映价值受 A 违约概率的影响。基于 A 的违约风险，我们可以将 DVA 视为对衍生品合约的价值调整。

我们遵循与 B 的违约风险相同的推理思路，从标准的无违约风险估值公式 $V_A(t) = \mathbb{E}_t[C_A(t,T)]$ 出发，基于 $\{\tau_A > T\}$ 和 $\{\tau_A \leqslant T\}$ 两个事件，将预期分为两个部分，可得：

在两部分预期里，表示 $1_{\{\tau_A > T\}}$ 的部分为 $\mathbb{E}_t[1_{\{\tau_A > T\}} C_A(t,T)]$；

$1_{\{\tau_A \leqslant T\}}$ 引用的部分，适用于在已知 A 在 τ_A 时点违约的情况下求衍生品现金流的期望算子。

在违约时点 τ_A 之前，所有的现金流的折现值等于 $C_A(t,\tau_A)$。

一旦在 τ_A 时点违约发生时，对支付进行同样的分析，根据从 A 处看到的 MtM 的符号，如上述 CVA 部分所述。

假设 B 没有违约风险，则根据 A 的违约风险调整以后的衍生品价值为

$$V_A^A(t) = \mathbb{E}_t[1_{\{\tau_A > T\}} C_A(t,T)] + \mathbb{E}_t[1_{\{\tau_A \leqslant T\}}[C_A(t,\tau_A)$$
$$+ D(t,\tau_A)\{(V^A(\tau_A))^+ - R_A(-V_A(\tau_A))^+\}]] \tag{65}$$

注意，以上公式里，如果违约发生时从 A 的视角看衍生品的 MtM 是正的，则衍生品的价值不会发生改变 $[(V_A(\tau_A))^+ > 0]$。但另一方面，在违约时刻 τ_A，A 会产生一个负的衍生品价值，A 只偿付回收价值（recovery value）：

$$R_A(-V_A(\tau_A))^+ \tag{66}$$

像 CVA 那样，我们能得到 $V_A^A(t)$ 更直观的表达式。由于 $C_A(t,T)$ 表示 t 时刻衍生品现金流的折现价值（不考虑违约的情况下），我们能写出有违约情况下的表达式（$1_{\{\tau_A \leqslant T\}} = 1$）：

$$1_{\{\tau_A \leqslant T\}} C_A(t,T) = 1_{\{\tau_A \leqslant T\}}[C_A(t,\tau_A) + D(t,\tau_A)\{(V_A(\tau_A))^+ - R_A(-V_A(\tau_A))^+\}] \tag{67}$$

再次使用以下公式：

$$\mathbb{E}_t[1_{\{\tau_A \leqslant T\}} C_A(t,T) + 1_{\{\tau_A > T\}} C_A(t,T)] = \mathbb{E}_t[C_A(t,T)] = V_A(t) \tag{68}$$

将 $1_{\{\tau_A \leqslant T\}}[C_A(t,\tau_A)]$ 替换为式（67）中的形式，我们得到：

$$V_A^A(t) = \underbrace{\mathbb{E}_t[C_A(t,T)]}_{\text{无违约风险价值}} + \underbrace{\mathbb{E}_t[1_{\{\tau_A \leqslant T\}} D(t,\tau_A)(1 - R_A)(V_A(\tau_A))^+]}_{\text{DVA:A违约的预期收益在}t\text{时刻的折现值}} \tag{69}$$

$V_A^A(t)$ 可以理解为衍生品无违约风险的价值加上 A 自身违约所产生的预期收益。公式的第二部分即为 A 的负债价值调整（DVA）。忽略 B 的违约风险，只考虑 A 的违约风险，得到债务价值调整后的衍生品估值表达式：

$$V_A^A(t) = V_A(t) + DVA_A^A(t) \tag{70}$$

假设违约时间独立于驱动风险暴露的市场变量，DVA 就会变成：

$$DVA_A^A(t) = LGD_A \mathbb{E}_t \left[1_{|\tau_A \le T|} D(t, \tau_A) (V_A(\tau_A))^+ \right] \tag{71}$$

虽然从分析的角度是正确的，但存在违约情况下的衍生品定价有一些矛盾的地方。比如式（70）表明，如果 A 的违约概率增加，A 会实现 MtM 收益。

3.5.2 离散时间下 DVA 的表达式（不含担保品）

就像我们对 CVA 作的处理，我们将 DVA 改写为离散的形式：

$$DVA_A^A(t) = \sum_{t_i=t}^{T} \mathbb{E}_t \left[1_{|t_i \le \tau_A < t_{i+1}|} D(t, t_i) (1 - R_A) (V_A(t_i))^+ \right] \tag{73}$$

回收率不是随机的且我们假设违约概率独立于式（59）给出的衍生品投资组合价值的变化：

$$\sum_{t_i=t}^{T} LGD_A \mathbb{E}_t \left[1_{|t_i \le \tau_A < t_{i+1}|} \right] \mathbb{E}_t \left[D(t, t_i) (V_A(t_i))^+ \right] \tag{74}$$

我们用 $NEE_A^A(t_i)$ 表示在 t_i 时刻从 A 的视角所得的组合预期折现负价值：

$$NNE_A^A(t_i) = -\mathbb{E}_t \left[D(t, t_i) (V_A(t_i))^+ \right] \tag{75}$$

由于 t_i 到 t_{i+1} 时刻 A 的违约概率为

$$PD_A(t_i, t_{i+1}) = \mathbb{E}_t \left[1_{|t_i \le \tau_A < t_{i+1}|} \right] \tag{76}$$

所以，式（60）给出的 CVA 公式可以改写得到：

$$DVA_A^A(t) = -LGD_A \sum_{t_i=t}^{T} PD_A(t_i, t_{i+1}) NEE_A^A(t_i) \tag{77}$$

我们可以进一步细化式（75），将 A 的违约概率表示为信用息差的函数。

$$PD_A(t_i, t_{i+1}) = \mathbb{P}(\tau_A \ge t_i \mid \tau_A \ge t) - \mathbb{P}(\tau_A \ge t_{i+1} \mid \tau_A \ge t) \tag{78}$$

其中，$\mathbb{P}(\tau_A \ge t_i \mid \tau_A \ge t) = e^{-\Lambda_{A,t}^{t_i}(t_i-t)}$，$\Lambda_{A,t}^{t_i}$ 为 t 时刻所得的 t_i 时刻 A 的连续复利违约密度。我们已知连续复利违约密度可以近似为

$$\Lambda_{A,t}^{t_i} \approx \frac{s_{A,t}^{t_i}}{LGD_A} \tag{79}$$

其中 $s_{A,t}^{t_i}$ 表示以 t_i 为到期日，在 t 时刻 A 的信用息差。

$$PD_A(t_i, t_{i+1}) = \mathbb{P}(\tau_A \ge t_i \mid \tau_A \ge t) - \mathbb{P}(\tau_A \ge t_{i+1} \mid \tau_A \ge t) \tag{80}$$

$$PD_A(t_i, t_{i+1}) = e^{-\Lambda_{A,t}^{t_i}(t_i-t)} - e^{-\Lambda_{A,t}^{t_{i+1}}(t_{i+1}-t)} \tag{81}$$

$$PD_A(t_i, t_{i+1}) = e^{-\frac{s_{A,t}^{t_i}}{LGD_A}(t_i-t)} - e^{-\frac{s_{A,t}^{t_{i+1}}}{LGD_A}(t_{i+1}-t)} \tag{82}$$

我们得到另一个可选择的 DVA 表达式：

$$DVA_A^A(t) = -LGD_A \sum_{t_i=t}^{T} \left[e^{-\frac{s_{A,t}^{t_i}}{LGD_A}(t_i-t)} - e^{-\frac{s_{A,t}^{t_{i+1}}}{LGD_A}(t_{i+1}-t)} \right] NEE_A^A(t_i) \tag{83}$$

如果我们像 CVA 那样进行近似，可以得到更简化的表达式：

$$DVA_A^A(t) \cong - s_{A,t}^T NEE_A^A \tag{84}$$

DVA 等于 A 的信用息差乘以 A 的负预期暴露。

3.5.3　组合的 DVA 的正式表达式（含担保品）

使用和 CVA 部分同样的表达式，我们将净额集中的 N 个衍生品表示为 $k = 1, \cdots, N$。t 时刻每种衍生品基于 A 的信用风险产生的价值调整为：

$$V_{A,k}^A(t) \tag{85}$$

根据 A 的违约风险进行价值调整后的组合价值为 $PV_A^A(t)$，

$$PV_A^A(t) = \sum_{k=1}^N V_{A,k}^A(t) \tag{86}$$

我们假设存在担保品，H 为阈值，不存在最低转移金额。此时我们最关心的是对 A 来说价值为负的时候。

就像对 CVA 所作的处理那样，对于任意一个组合中的衍生品，t_i 时刻违约发生条件下的预期负暴露，根据组合价值是否高于阈值，可以分为两种情况。

在 CVA 的计算中，预期暴露包括重置期间 MtM 的潜在增长，这点和 DVA 的计算是类似的。ISDA 条款指出，幸存实体的索赔权等于"合理时期内"互换交易商的平均报价，所以负预期暴露将包括 MtM 的变化。但在计算过程中也有一些不同的地方：在 CVA 的计算过程中，MtM 的潜在无抵押增长是通过 MtM 10 天或 20 天的预期增长来衡量的；在 DVA 的计算中，负预期暴露的潜在增长也是基于一段时期内的预期变化，但这个"一段时期内"是由法律条款规定的幸存交易对手报价的"合理时期"所决定的。

与前面 1.3 中的所述的 CVA 计算类似，新巴塞尔协议的初始保证金规则使 DVA 计算存在两种情况。对于 2015 年 3 月的监管规定所覆盖的实体（系统重要性非金融公司和金融公司），由 PFE 衡量其违约后 MtM 增加所带来的额外风险，这种风险将由初始保证金覆盖（详见担保品章节）。初始保证金具有隔离要求，违约实体不能在担保品上违约。因此，对于覆盖实体而言，违约后 MtM 的变化不会带来 DVA 收益；而对于未覆盖实体而言，会有产生 DVA 收益。

如果组合价值的绝对值超过了阈值（MtM 为负的情况下），A 在 t_i 时刻违约应该付的金额为 $- PV_A^A(t_i)$（我们假设从 A 的视角看 MtM 是负的，将 A 应付金额写为一个正数，所以是 $- PV_A^A(t_i)$）。在这些金额里，只有 $- PV_A^A(t_i) - H$ 部分是被担保的。当违约发生时，A 的应付金额仍为阈值 H，但是其只会付回收率对应的部分。如果我们将衍生品 k 作为衍生品在 t_i 时刻的风险暴露的比例值，就会在幸存的交易对手从互换交易商处获得报价的合理时间内，将该比例的阈值加

到变化量中。可以写为

$$H\frac{V_{A,k}^A(t_i)}{PV_A^A(t_i)} + \Delta^- PV_{A,k}^A(t_i) \tag{87}$$

如果组合的（负）价值 $PV_A^A(t_i)$ 在违约时刻超过了阈值（$PV_A^A(t_i) \geq -H$），某一衍生品造成的风险暴露即为 t_i 时刻该衍生品的价值，因为不存在担保品的保护。表示为

$$V_{A,k}^A(t_i) \tag{88}$$

从以上讨论的两种情况，我们可以得出：

$$NEE_{A,k}^A(t_i) = \mathbb{E}_t\left[1_{\{0 \geq PV_{A,k}^A(t_i) \geq -H\}} D(t,t_i) V_{A,k}^A(t_i)\right] \quad \text{如果在阈值内}$$

$$+ \mathbb{E}_t\left[1_{\{-H > PV_{A,k}^A(t_i)\}} D(t,t_i + \Delta t) H \frac{\Delta^- PV_{A,k}^A(t_i)}{LGD_A}\right]$$

$$\text{低于阈值：} \Delta V_{A,k}^A(t_i) + \mathbb{E}_t\left[1_{\{-H > PV_{A,k}^A(t_i)\}} D(t,t_i) H \frac{V_{A,k}^A(t_i)}{PV_A^A(t_i)}\right] \tag{89}$$

为了完成 DVA 的计算，我们还需要对 $[t_i, t_{i+1}]$ 区间内的预期暴露根据违约发生的概率 $PD_A(t_i, t_{i+1})$ 进行赋权，然后对时间点 t_i 以及 N 个衍生品进行加总。

$$DVA_A^A(t) = \sum_{k=1}^N DVA_{A,K}^A(t) \tag{90}$$

$$DVA_{A,k}^A(t) = -LGD_A \sum_{t_i=t}^{T-1} PD_A(t_i, t_{i+1}) NEE_{A,k}^A(t_i) \tag{91}$$

我们需要牢记，与 DVA 完全一致，LGD_A 代表的是此刻的收益。我们可以在组合层面上进行加总：

$$DVA_A^A(t) = -LGD_A \sum_{k=1}^N \sum_{t_i=t}^{T-1} PD_A(t_i, t_{i+1}) NEE_{A,k}^A(t_i) \tag{92}$$

$$DVA_A^A(t) = -LGD_A \sum_{t_i=t}^{T-1} PD_A(t_i, t_{i+1}) NEE_A^A(t_i) \tag{93}$$

如果我们继续考虑负预期暴露，当在组合层面加总时，也可得到一个相对简单的形式：

$$CVA_A^A(t) = -LGD_A \sum_{t_i=t}^{T-1} PD_A(t_i, t_{i+1}) \mathbb{E}_t\left[D(t,t_i)\left\{1_{\{0 \geq PV_A^A(t_i) \geq -H\}} \underbrace{[PV_A^A(t_i) + \Delta^- PV_{A,k}^A(t_i)]}_{\text{如果MtM在阈值H以内，负预期}\atop\text{暴露等于MtM加上“合理时间”内的负变动}}\right.\right.$$

$$\left.\left. + 1_{\{-H > PV_A^A(t_i)\}} \underbrace{(-H + \Delta^- PV_{A,k}^A(t_i))}_{\text{如果MtM超过阈值，则NEE等于阈值}\atop\text{加上“合理时间”内的负变动}}\right\}\right] \tag{94}$$

3.5.4　具有担保品信用风险的 DVA 正式表达式

像我们在 3.4.4 中推导 CVA 那样，我们现在引入 A 作为担保品接收企业的

违约可能性。2015 年 3 月的保证金规则将被覆盖实体（系统重要性非金融公司和金融公司）与未覆盖实体分开。在违约后的较短时间内（即合理期间），前者将从初始保证金中获得其索赔报价，以防止发生小的价值变动。这个初始保证金也被保存在一个单独的账户中，以防止违约。但是，后者（非覆盖实体）仍然不受保护。

因此，我们可以将预期损失写为

$$- LGD_A \sum_{t_i=t}^{T-1} PD_A(t_i,t_{i+1}) \, \mathbb{E}_t \big[D(t,t_i) \{ \Delta^- PV_A^A(t_i) + H \} 1_{|PV_A^A(t_i)>H|} \big] \quad (95)$$

当 A 有正的风险暴露时，我们关注一下在违约后 MtM 的变化：它超过了阈值，会使得 A 持有的担保品高于其关于交易对手 B 的 MtM。这些超额的担保品变成了 B 的风险暴露。由此，对于未覆盖实体来说，DVA 公式中会加入一个预期暴露项。

如果我们将这个额外的风险暴露重新整合到 DVA 表达式中，就得到

$$DVA_A^A(t) = - LGD_A \sum_{t_i=t}^{T-1} PD_A(t_i,t_{i+1}) \big[NEE_A^A(t_i) - EE_B^A(t_i) \big] \quad (96)$$

其中，折现后的预期暴露项 $EE_A^B(t_i)$ 反映未覆盖实体已交付担保品的潜在信用损失。对于巴塞尔协议覆盖的实体：

$$NEE_A^A(t_i) = \mathbb{E}_t \big[D(t,t_i) \{ 1_{|0 \geq PV_A^A(t_i) \geq -H|} PV_A^A(t_i) + 1_{|-H > PV_A^A(t_i)|} H \} \big] \quad (97)$$

对于未覆盖实体：

$$NEE_A^A(t_i) = \mathbb{E}_t \big[D(t,t_i) \{ 1_{|0 \geq PV_A^A(t_i) \geq -H|} (PV_A^A(t_i) + \Delta^- PV_A^A(t_i))$$
$$+ 1_{|-H > PV_A^A(t_i)|} (H + \Delta^- PV_A^A(t_i) \} \big] \quad (98)$$

$$NEE_B^A(t_i) = \mathbb{E}_t \big[D(t,t_i) \text{Min} \{ 0; \Delta^- PV_A^A(t_i) + H \} 1_{|PV_A^A(t_i)>H|} \big] \quad (99)$$

3.6 双边 CVA

基于前文两部分的讨论，我们将 A、B 两方违约风险的调整整合到衍生品合约中，得出一个反映衍生品合约双边性质的公式。

我们现在假设 A 和 B 双方都可能违约，寻找衍生品的违约风险调整价值 $V_A^{AB}(t)$，上标的 AB 表示 A 和 B 都可能违约，下标的 A 表示站在 A 的视角进行估值。

我们从标准的无风险估值公式开始，从 A 的角度，衍生品的价值为 $V_A(t) = \mathbb{E}_t[C_A(t,T)]$

我们将这个期望分成三个互补事件集：

(i) $\{\mathrm{Min}(\tau_A, \tau_B) > T\}$：在衍生品到期之前 A 和 B 均没有违约；

(ii) $\{\tau_R \leq \mathrm{Min}(\tau_A, T)\}$：B 在到期日之前违约且先于 A 违约；

(iii) $\{\tau_A \leq \mathrm{Min}(\tau_B, T)\}$：A 在到期日之前违约且先于 B 违约。

在事件（i）下，期望即为示性函数的累积 $\mathbb{E}_t[1_{|\mathrm{Min}(\tau_A, \tau_B) > T|} C_A(t, T)]$；在事件（ii）和事件（iii）下，我们遵循 CVA 和 DVA 的分析原则。

我们得到包含 CVA 和 DVA 的经过双边信贷风险调整即双边信用调整后的衍生品定价公式：

$$V_A^{AB}(t) = \mathbb{E}_t[1_{|\mathrm{Min}(\tau_A, \tau_B) > T|} C_A(t, T)]$$

$$+ \mathbb{E}_t[1_{|\tau_B \leq \mathrm{Min}(\tau_A, T)|}[C_A(t, \tau_B) + D(t, \tau_B)\{R_B(V_A(\tau_B))^+ - (-V_A(\tau_B))^+\}]]$$

$$+ \mathbb{E}_t[1_{|\tau_A \leq \mathrm{Min}(\tau_B, T)|}[C_A(t, \tau_A) + D(t, \tau_A)\{(V_A(\tau_A))^+ - R_A(-V_A(\tau_A))^+\}]]$$

$$(100)$$

与前文关于 CVA 和 DVA 的代数表达相同，我们可以推导出一个更简单的表达：

$$V_A^{AB}(t) = V^A(t) + CVA_A^B(t) + DVA_A^A(t) \qquad (101)$$

其中，

$$CVA_A^B(t) = -LGD_B \mathbb{E}_t[1_{|\tau_B \leq \mathrm{Min}(\tau_A, T)|} D(t, \tau_B)(V_A(\tau_B))^+]$$

$$DVA_A^A(t) = -LGD_A \mathbb{E}_t[1_{|\tau_A \leq \mathrm{Min}(\tau_B, T)|} D(t, \tau_A)(V_A(\tau_A))^+]$$

如果我们转为离散时间框架，进一步假设 A 的违约时间与 B 的违约时间独立，可以得到

$$V_A^{AB}(t) = V_A(t) + CVA_A^B(t) + DVA_A^A(t) \qquad (102)$$

$$CVA_A^B(t) = LGD_B \sum_{t_i = t}^{T-1} PD_B(t_i, t_{i+1})[1 - PD_A(t_i, t_{i+1})][EE_A^B(t_i) - NEE_A^B(t_i)]$$

$$(103)$$

$$DVA_A^A(t) = -LGD_A \sum_{t_i = t}^{T-1} PD_A(t_i, t_{i+1})[1 - PD_B(t_i, t_{i+1})][NEE_A^A(t_i) - EE_B^A(t_i)]$$

$$(104)$$

对于巴塞尔协议覆盖的实体：

$$EE_A^B(t_i) = \mathbb{E}_t[D(t, t_i)\{1_{|0 \leq PV_A^B(t_i) \leq H|} PV_A^B(t_i) + 1_{|H < PV_A^B(t_i)|} H\}] \qquad (105)$$

$$NEE_A^A(t_i) = \mathbb{E}_t[D(t, t_i)\{1_{|0 \geq PV_A^A(t_i) \geq -H|} PV_A^A(t_i) - 1_{|-H > PV_A^A(t_i)|} H\}] \qquad (106)$$

对于未覆盖实体：

$$EE_A^B(t_i) = \mathbb{E}_t[D(t, t_i)\{1_{|0 \leq PV_A^B(t_i) \leq H|}(PV_A^B(t_i)$$

$$+ \frac{\Delta^+ PV_A^B(t_i)}{LGD_B} + 1_{\{H < PV_A^B(t_i)\}} \left(H + \frac{\Delta^+ PV_A^B(t_i)}{LGD_B} \right) \}\Big] \qquad (107)$$

$$- NEE_A^B(t_i) = \mathbb{E}_t \Big[D(t, t_i) \{ \Delta^+ PV_A^B(t_i) - H \} 1_{\{PV_A^B(t_i) < -H\}} \Big] \qquad (108)$$

$$NEE_A^A(t_i) = \mathbb{E}_t \Big[D(t, t_i) \{ 1_{\{0 \geqslant PV_A^A(t_i) \geqslant -H\}} (PV_A^A(t_i) + \Delta^- PV_A^A(t_i))$$

$$+ 1_{\{-H > PV_A^A(t_i)\}} (-H + \Delta^- PV_A^A(t_i) \} \Big] \qquad (109)$$

$$EE_B^A(t_i) = \mathbb{E}_t \Big[D(t, t_i) \mathrm{Min} \{ 0; (\Delta^- PV_A^A(t_i) + H) \} 1_{\{PV_A^A(t_i) > H\}} \Big] \qquad (110)$$

注释

1. 本段的主要参考依据是 Michael Pykhtin 和 Dan Rosen2010 年的文章，由联邦储备委员会（华盛顿特区）作为财经讨论论文发表。

2. 按照会计准则 FAS 157（财务会计准则 157，Financial Accounting Standard 157）的建议。

3. 本节中的大多数结果由以下论文建立或可以在论文中找到：例如 Bielecki 和 Rutowski（2001），Picould（2005），Brigo 和 Capponi（2008）和 Gregory（2009）。

4. 我们要特别提到在 Heath-Jarrow-Morton（HJM）模型揭示的框架。

扩展估值指标：FVA 和 KVA

摘　要： 为了全面反映与衍生品相关的所有成本，互换交易商银行引入了资金估值调整（FVA）和资本价值调整（KVA）。FVA 是与衍生品交易或衍生品组合相关的融资成本的度量（其中包括资金担保品发布的成本）。FVA 在银行、学术界和会计师事务所之间仍存在争议：包括衍生品在内的任何资产的定价是否应该反映其所有者的资金利差？FVA 是否是另一种反映 DVA 的方式？KVA 衡量对衍生品施加监管资本要求的交易成本。

关键词： 资本费用　当前风险承担策略（CME）　预期经济资本（ECE）资金收益调整（FBA）　资金成本调整（FCA）　资金价值调整（FVA）内部模型法（IMM）　隔夜利率互换（OIS）　监管资本　资本回报率（ROC）泰德利差

1　资金价值调整：FVA

资金价值调整（FVA）是对 2008 年后几家经销商银行引入的衍生品风险中性价格的调整。虽然 CVA 和 DVA 指标在 20 世纪初已逐步增加到衍生品的估值中，但将信用风险包含于定价之中的重要概念 FVA 出现却是在 2007—2008 年的危机之后，那时银行的融资市场和融资条件发生了巨大变化。2008年之后，经销商银行已经敏锐地意识到管理和控制衍生品交易所产生的融资成本的必要性。FVA 诞生于银行内部的内部转移价格规则，负责融资的财务部门为了向衍生品交易柜台传达清晰的货币激励措施，以最大限度地减少资金需求，建立了这一概念。行业随后将 FVA 与 CVA 和 DVA 一起作为衍生品价格的调整。

$$V = VND + CVA + DVA + FVA \qquad （ I ）$$

但是，FVA 并未被一致接受。目前没有标准和普遍接受的定义，每家银行都有自己的估算方法。FVA 概念也受到金融学者和会计专家的质疑。对于学者来说，FVA 与衍生品定价理论不一致。特别是，持有衍生工具的实体的资金成本是非常有争议的，因为市场工具的价格应该只反映其风险。

自 FVA 出现以来，市场从业者、学者和会计师事务所一直在进行激烈、困难却一直持续的辩论。在不深入讨论的情况下，我们将在本章相继介绍：（1）经销商银行提出 FVA 的背景；（2）融资担保具体问题；（3）理论上和会计上的概念与实践问题；（4）具体的 FVA 公式及其与 CVA 和 DVA 指标的关系。

1.1　FVA：定义和背景

一个重要的背景源于经销商银行在场外衍生品市场发挥的关键作用。它是所有终端用户的交易对手，几乎全权负责市场流动性。衍生品实际价格的确定取决于经销商的风险对冲能力和竞争动态。但定价也必须使衍生品交易可行。

在 2007 年之前，衍生品交易商银行习惯于使用 Libor 曲线来评估互换和衍生品。Libor 并非完全等同于无风险利率，因为它反映了银行短期无担保借款的信贷风险。但银行可以以 Libor 便捷迅速地获得资金，这使 Libor 非常类似于教科书上的无风险利率。此外，当时大型经销商银行的平均信用质量比现在更高，在正常市场条件下，3 个月 Libor 减去 3 个月期国债利率（泰德利差）在 50 个基点范围内。所有这些意味着 Libor 可被视为一个相当不错的无风险利率的代表。对于以 Libor 为基准的利率互换，使用 Libor 还有一个额外的好处，那就是浮动利率始终保持在接近面值的水平。

但危机严重扰乱了 Libor 市场：泰德利差在 2008 年秋季达到了 450 个基点的峰值；与此同时，大多数经销商银行不再能够以 Libor 借款，而是大幅超过这个利率。此时，Libor 无法继续被视为银行间市场借贷成本的代表。最终，Libor 无法继续作为无风险利率的代表，并被替换为衍生品估值的 OIS 曲线。

在这种情况下，交易商银行在其衍生品活动中更加了解其借贷成本的影响。由于不能再以 Libor 借款，它们使用的定价模型和 Libor 折现曲线不再反映它们的实际融资成本。

融资担保的成本，或更广泛地说，与衍生品头寸相关的资金融资成本必须以一个关键投入重新审视：银行相对于新的无风险利率——OIS（在欧洲为 EON-IA）的资金利差。

FVA 是经销商银行对衍生工具头寸的调整，以反映标准定价模型中未包含的融资成本，特别是融资担保要求的成本。花旗银行（见专栏 1）给出了应用 FVA 的明确理由。

专栏 1　花旗银行 2015 年度报告：关于 FVA 的声明

财务报表附注 25，第 250 页

信用价值调整（CVA）以及 2014 年第三季度的资金价值调整（FVA）适用于场外衍生工具。

基准估值一般使用货币衍生工具的相关基准利率曲线（例如，无抵押美元衍生工具的 Libor）折现预期现金流量。

（……）FVA 反映了衍生投资组合的无担保部分以及协议条款不允许再抵押的有担保部分的融资风险溢价。

（……）CVA 和 FVA 旨在分别包含衍生产品组合中内在的信用风险和融资风险。但是，大多数无担保衍生工具是通过谈判达成的双边合同，通常不会转让给第三方。衍生工具通常按合约结算，如果提前终止，则以交易对手双边协商的价值终止。因此，CVA 和 FVA 可能无法在正常业务过程中实现。

1.2　FVA 和融资担保成本

FVA 的主要目标之一是覆盖与担保品相关的融资成本，这对于经销商尤为重要，如专栏 1 中的花旗银行声明所示。

经销商如何产生融资成本呢？经销商会在经销商间市场使用基本产品进行完全对冲，除非它们想为自己的账户创建一个未平仓头寸。但衍生品头寸在经销商之间完全抵押。鉴于终端用户的投资组合已完全对冲，支付给终端用户或从终端用户收到的担保品应与支付给经销商市场或从经销商市场收到的担保品相匹配（见图 1）。我们在"重述担保品的作用"一章中了解到担保品进行再抵押的方式和条件，从而通过降低提供融资担保品的成本来支持衍生品市场的流动性。然而，当这种自然的并行传输通道被破坏时，有两种情况（见图 1）。

- 终端用户具有 CSA 条款，使它们免交担保品（"单向担保品"）或具有非常高的担保品交付阈值，从而无需担保品。这种情况不那么常见，因为普遍情况下是需要交付担保品的（见"重述担保品的作用"一章）。这种情况在多边银行和政府中比较常见。

- 客户有一个 CSA 条款限制经销商重复使用收到的担保品，无论是现金还是证券（参见"重述担保品的作用"一章中关于再抵押的段落）。

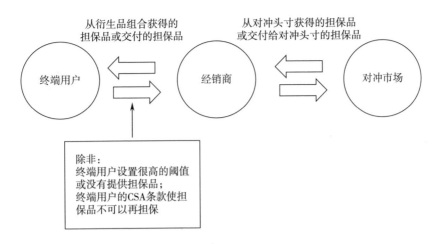

图1　完全对冲头寸的融资担保

图1描述了无抵押或不完全抵押交易中的担保品成本。它有助于理解为什么 FVA 是衡量不完全抵押交易与完美抵押的差距。在完美抵押下，担保品在任何时候都与风险暴露完全匹配（正的 MtM）。图1还有助于识别 FVA 的两面性（这也是 FVA 的一个优点）：融资成本调整（FCA）和融资利润调整（FBA）。

如果出现以下情况，FVA 将是一种成本（即 FCA）：经销商无法从终端用户那里获得担保品，而必须为对冲支付担保品。这为经销商带来了净融资成本，这个成本通过其相对于即时无风险利率的融资利差来衡量。我们举一个美元互换的例子。无风险利率的代表是 OIS，即联邦基金市场的隔夜无担保借款利率，它是银行向美联储借出（借入）其超额（赤字）储备的利率。交易商提供的担保品，会收到联邦基金利率（OIS）；未收到的担保品中，有一部分可能是在联邦基金市场以 OIS 利率借入的。在这种情况下，经销商无需额外费用。然而，2008 年后经销商银行的现实是，它们的总体融资成本（所有资金来源的平均成本）明显高于 OIS。FCA 将基于交易商相对于 OIS 的融资利差乘以该净资金需求的大小来计算。

如果经销商从终端用户的无担保投资组合的完全抵押对冲中获得担保品，那么 FVA 将是一个收益（即 FBA）。经销商收到担保品，它支付 OIS，但此担保品不用转给终端用户。它是 OIS 的净资金来源，没有融资利差。从这个意义上说，它是对经销商的一种融资利益（FBA），它是由经销商相对于 OIS 的总体资金利差乘以所收到的担保品的数量来衡量的。FBA 与 FCA 使用相同的差价（实际资金差额减去 OIS）来衡量，因为它首先被视为 FCA 的减少。

$$FVA \ = \ FCA \ + \ FBA \qquad\qquad （\mathrm{II}）$$

1.3　关于 FVA 的争论

关于 FVA 争论的核心在于，从会计和金融理论的角度来看，持有衍生品的实体的融资利差与衍生品定价相结合是有争议的。

随着银行发现自己的融资利率与政府利率之间的偏离越来越明显，也越来越持久，而且可以接受无风险利率，它们不得不通过 FVA 在定价中反映借款成本。与此同时，经销商银行量化团队试图重新审视传统的基于套利的衍生品定价模型（如默顿模型或布莱克—斯科尔斯模型），为它们增加新的定价决定因素：融资成本以及与交易和套利相关的现金持有成本。Vladimir Piterbarg、Christoph Burgard 和 Mats Kjaer 与巴克莱银行合作的成果（于 2009—2011 年出版）[1] 是重要的参考资料。

第一个重要的初步意见是银行在估算 FVA 时必须作出的选择和决策的多样性。FVA 计算缺乏标准化，例如，可以通过回购利率（回购利率是一种非常接近 OIS 的无风险利率）来融资的美国国债或流动性股票，就不能作为 FVA 的例证，因为这类工具可以像基于套利的教科书定价模型那样以无风险的方式融资。但有许多类型的基础资产未必能轻易进入回购市场。

John Hull 和 Alan White[2] 等学者将 FVA 定义为"对衍生品组合的价值进行调整，以确保交易商在交易和对冲衍生品时覆盖其平均融资成本"。他们认为这一概念应该被谨慎对待："理论上的论据表明，交易商的估值不应该覆盖所有融资成本。"[3]

金融理论中有一条普遍规律：金融工具或项目的估值只应反映其风险，而不应反映持有这些工具或项目的公司的融资利差。否则，这可能会导致风险和资产配置方面的决策有缺陷。例如，银行若根据自身的利差对国债进行估值，会导致其永远不会在债务融资的投资组合中持有国债。

从会计师事务所的角度来看，它们迫切需要对公允价值作出明确而持续的定义：如果衍生品合约的 MtM 从一个资产负债表转移到另一个资产负债表，它不应发生变化。国际财务报告准则中公允价值的定义指出，"公允价值是基于市场的工具，而不是实体特定的衡量标准"。会计师事务所将 DVA 视为衍生品合约中自身违约风险的市场价格，因为衍生品中的交易对手信用风险确实是双边的。例如，作为违约风险的市场价格，在 CDS 市场上可以通过信用价差来反映。然而，FVA 并不是衡量信用风险的市场风险指标，而是针对特定实体的。

在实践中使用 FVA 的另一个令人不安的后果是它可能导致套利。以下例子来自 2014 年 Hull 和 White 的论文：假设一个金融机构（A）的融资利率很低，足够接近无风险利率（假设为 2%）。它以 100 美元从经销商银行（B）购买无担保的 1 年期股票期权。B 的融资利率稍微高一些（假设为 4%）。这份期权的价值可以从布莱克—斯科尔斯无风险无违约值中减去 DVA 和 FVA 得到（假设 $V = 13$ 美元），DVA 和 FVA 都等于 0.5 美元。在没有担保品的情况下，A 的成本中没有 FVA，但必须包括 CVA（$= 0.5$ 美元），以对冲 B 的违约风险。如果卖价低于 $13 - 0.5 = 12.5$ 美元，则交易。当价格超过 $13 - DVA - FVA = 12$ 美元，B 将进行交易。12.25 美元的价格将为 A 和 B 提供无风险的套利利润（见图 2）。

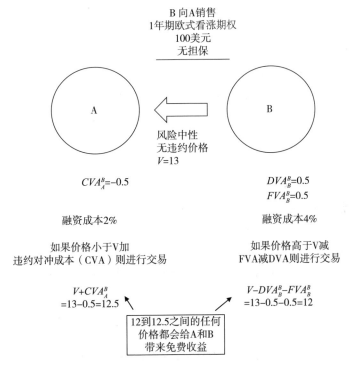

图 2　存在 FVA 和 DVA 时的套利示例

这告诉了我们什么？

让我们考虑一下互换的情况。考虑一个交易对手从它的角度进行定价。假设互换的价值是负的，没有担保。该交易对手的违约风险及其相关的信用价差可以通过 DVA 计入价格中。那么，当资金收益（FBA）通过 DVA 计算时，FVA 是否也是这样？答案似乎是肯定的。[4] 并且 DVA 和 FBA 的正式表达式等价（见下文）。因此，当互换中的风险暴露为负时，互换产生对交易者的 DVA 增益，其可以替代地用 FBA 来理解、衡量和实现。

另一方面，如果无担保的风险暴露是正的，产生 CVA，也产生负 FVA 或 FCA（因为交易对手没有收到担保品），银行将 FCA 计入其衍生品定价，否则无法收回。从会计角度来讲，因提交担保品而借入资金所产生的额外的融资成本（以相对于 OIS 的利差来衡量），这些担保品没有从最终用户那里收到，但在对冲投资组合中需要。然而，尚不清楚交易部门和银行将如何实际实现这一收益。因此，看起来欧洲央行可能会继续采用 FCA，并按照以下公式进行调整：

$$V = VND + CVA + DVA + FCA \qquad (\text{Ⅲ})$$

在 2014 年出版物中，Hull 和 White 还发现了另一个案例，其中必须将 FVA 添加到 DVA 并且不能被视为已经计入 DVA："FVA 仅对公司的信用利差部分是合理的，不反映违约风险。"

关于 FVA 的争论仍在继续，作为一种概念和市场惯例，FVA 仍在制定中。随着 2015 年《巴塞尔协议Ⅲ》对未清算场外衍生品保证金的规定将提高担保品的有效性和广泛性，且与不完善担保品相关的融资成本可能会降低，FVA 变得不那么重要。

1.4　FVA 计算公式

我们按照前文所述，使用如下所述的全套调整：

$$V = VND + CVA + DVA + FCA \qquad (\text{Ⅳ})$$

为了强调这三个术语之间的联系和差异，我们使用了："信用与负债价值调整 CVA 和 DVA"一章中 CVA 和 DVA 的计算公式。我们使用不考虑信用风险的计算公式。

$$CVA_A^B(t) = -LGD_B \sum_{t_i=t}^{T-1} PD_B(t_i, t_{i+1}) EE_A^B(t_i) \qquad (\text{Ⅴ})$$

$$DVA_A^A(t) = -LGDA \sum_{t_i=t}^{T-1} PDA(t_i, t_{i+1}) NEE_A^A(t_i) \qquad (\text{Ⅵ})$$

$$FVA_A^B(t) = -\sum_{t_i=t}^{T-1} Spr_i(t_{i+1} - t_i) EE_A^B(t_i)$$

其中，$EE_A^B(t_i)$ 是 t_i 时期的担保净暴露（或无担保暴露）；

Spr_i 是 (t_i, t_{i+1}) 时期内 A 高于无风险利率的融资利差。

2 资本费用和 KVA

银行和其他金融机构将经济资本或风险资本分配给其衍生品活动。经济资本通常通过最坏情况下的损失来衡量，最坏情况下的损失是通过在险价值（VaR）和信用 VaR 得到的。这种风险度量也代表了"分配"给衍生品活动的银行股本比例。在公司管理逻辑中，此类股本应获得利润，至少应等于公司为其股本回报设定的目标。这种回报率是影响衍生品定价的一个额外因素，叫作资本价值调整（KVA）。

与 FVA 一样，KVA 也不是衍生品金融理论教科书的一部分。然而，这是监管机构更熟悉的概念。

在 20 世纪 80 年代和 90 年代，《巴塞尔协议 I 》诞生以后，巴塞尔银行监管委员会提出了有关贷款定价的建议，主要是将预期损失和信贷风险造成的意外损失分开。贷款定价是将贷款到期时的政府债券利率、等价于预期损失的利差、用于支付成本的保证金和分配给贷款的监管资本（意外损失）的报酬率相加。只要贷款息差足够大，达到监管资本的正收益率，银行就可以使用自己的内部经济资本体系。

CVA 是贷款预期损失的衍生品等价物，而 KVA 则是注定要向经济（和监管）资本支付报酬的贷款利差的部分。我们首先讨论适用于衍生工具（ⅰ）的监管资本要求。通过在衍生品或衍生品组合的整个生命周期中预测这些资本要求，我们可以得到 KVA 计算公式（ⅱ）。

2.1 衍生品交易对手信用风险的资本要求

衍生产品受市场风险和交易对手信用风险（或特定衍生工具的信用风险）的监管资本要求的约束。在 G20 的要求下，这些监管要求在 2008 年国际金融危机之后得到了显著加强，并在《巴塞尔协议 Ⅲ》框架内得到了协调。

如果存在内部模型，或者存在复制 VaR 计算的标准公式，衍生品的市场风险要求将是基于 10 天 VaR 整体公式的一部分。

衍生品的交易对手信用风险（CCR）要求最初已在《巴塞尔协议 Ⅱ》监管纲要 5 的特定文件中列出；《巴塞尔协议 Ⅲ》加强和扩展了这些要求。在巴塞尔规则框架下，CCR 有三种计算方法：

— 现期暴露法（CEM），适用于没有资格使用内部模型的银行；

—标准方法，适用于不能使用内部模型但希望使用更好的测度方法来度量投资组合风险的银行；

—内部模型法（IMM）：银行可以在监管机构验证后使用其内部信用 VaR 模型。

CEM 是一种较为简单的方法，基于衍生品净额集的风险，使用潜在金融风险 PFE，乘以交易对手的巴塞尔风险权重（RW），再乘以 8%（巴塞尔资本比）。

CEM =［重置成本（MtM）＋ PFE – 波动率调整担保品］× RW × 8%

IMM 基于未来一段时间内净额集的正预期暴露（EE）来计算。监管机构建议使用 EE 曲线的保守指标。监管资本是在净额集未来一段时间内最坏的信用损失估计下得到的，巴塞尔银行监管委员会要求 99.9% 的置信水平，AAA 评级则要求更高置信水平（在纯粹基于数量的评级设置中需要 99.97% 的置信水平）。

EE 曲线还可以用于计算未来监管资本需求及其相关成本。银行可以将这些成本的现值计入其定价中。

2.2　KVA 计算公式

基于以上所述，我们可以提出以下公式来计算 KVA（见图 3）。

$$KVA_A^B(t) = \sum_{t_i=t}^{T} ROC(t_{i+1} - t_i) ECE_A^B(t_i) \qquad (\text{I})$$

其中，$KVA_A^B(t)$：从 A 的角度得到的，B 在净结算集的整个生命周期内基于预期暴露计算的预期经济资本；

$ECE_A^B(t)$：从 A 的角度得到的，B 在 $[t_i, t_{i+1}]$ 时间内基于预期暴露所计算的预期经济资本折现到 t 时刻的值；

ROC：A 公司对衍生品活动要求的资本回报率。

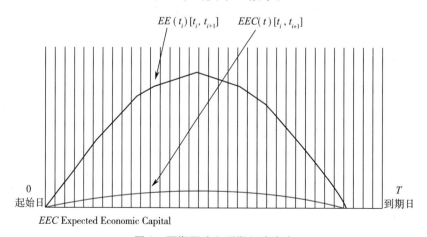

图 3　预期风险和预期经济资本

注释

1. Piterbarg："贴现之外的资金：担保协议和衍生品定价，"风险，2010；Burgard 和 Kjaer："平衡"，风险，2011；具有交易对手风险和融资成本的衍生品的偏微分方程表示，《信贷风险杂志》，2011（Piterbarg，2010）。

2. 讨论的主要贡献包括：Hull 和 White："衍生品评估：资金价值调整和公允价值"，金融分析师杂志，卷 70，N3，2014；Hull and White：FVA 辩论，Risk，25 周年纪念版，2011；Piterbarg（Hull and White 2014；2012）（如上所述）；Burgard 和 Kjaer（如上所述）。

3. Hull 和 White："衍生品评估：资金价值调整和公允价值"，金融分析师杂志，卷 70，N3，2014；（Hull 和 White 2014）。

4. 有关重复计算的正式证明，请参见 Massimo Morini 和 Andrea Prampolini："风险融资：交易对手和流动资金费用的统一框架"，工作文件，2010 年。

5.《巴塞尔协议 Ⅱ 在银行交易业务中的应用和双重违约的处理》，巴塞尔银行监管委员会，2005 年 7 月。

本章参考文献

Hull, J., & White, A. (2012, October). The FVA debate continues: Hull and white respond to their critics. *Risk*.

Hull, J., & White, A. (2014). Valuing derivatives: Funding value adjustments and fair value. *Financial Analysts Journal*.

Piterbarg, V. (2010, February). Funding beyond discounting: Collateral agreements and derivatives pricing. *Risk-magazine.net*.

参考文献

Alavian, S., Ding, J., Whitehead, P., & Laudicina, L. (2010, October). *Credit valuation adjustment.*

Albanese, C., & Iabichino, S. (2013). *The FVA-DVA puzzle: Risk management and collateral trading strategies.* Working Paper.

Albanese, C., Andersen, L., & Iabichino, S. (2015, January). *FVA accounting, risk management and collateral trading,* Risk.

Andersen, L., Duffie, D., and Song, Y. (2016, March). *Funding Value Adjustments,* Extremely Preliminary Draft.

Andersen, L., Pykhtin, M., & Sokol, A. (2016, January). *Rethinking margin period of risk.* Retrieved from SSRN: https://ssrn.com/abstract=2719964.

Anderson, R., & Joeveer, K. (2014). *The economics of collateral.* London School of Economics.

BCBS, IOSCO. (2015, March). *Margin requirements for non-centrally cleared derivatives.*

BCBS. (2006, June). *International convergence of capital measurement and capital standards, a revised framework—Comprehensive version.*

BCBS. (2012, December). *Basel III counterparty credit risk and exposures to central counterparties—Frequently asked questions.*

BCBS. (2014, August). *Foundations of the standardized approach for measuring counterparty credit risk exposures.* Working Paper No 26.

BCBS. (2014, March). *The standardized approach for measuring counterparty credit risk exposures.*

BCBS. (2016, March). *Literature review on integration of regulatory capital and liquidity instruments.* WP 30.

Bielecki, T., Jeanblanc, M., & Rutkowski, M. (2004, May). *Pricing of defaultable claims.* Princeton Lectures on Mathematical Finance.

BIS. (2015, November). *Statistical release, OTC derivatives statistics at end-June 2015, monetary and economic department.*

BIS. (2016, September). *Triennal central bank survey, OTC interest rate derivatives turnover in April 2016.* Monetary and Economic Department.

Bliss, R., & Kaufman, G. (2005). *Derivatives and systemic risk: Netting, collateral, and closeout.* Federal Reserve Bank of Chicago WP 2005–03.

Bomfim, A. (2002). *Counterparty credit risk in interest rate swaps during times of market stress.* Washington, DC: Federal Reserve Board.

Brace, A., Gatarek, D., and Musiela, M. (1997). The market model of interest rate dynamics. *Mathematical Finance, 7*(2).

Brigo, D., & Masetti, M. (2005). Risk neutral pricing of counterparty risk. In M. Pykhtin (Ed.). *Counterparty credit risk modeling.* London: Risk books.

Brigo, D., & Morini, M. (2010). *Dangers of bilateral counterparty risk: the fundamental impact of closeout conventions.* Working Paper.

Brigo, D., Buescu, C., & Morini M. (2011). *Impact of the first to default time on bilateral CVA,* draft version June 2011.

Brigo, D., Morini, M., & Pallavicini, A. (2013, April). *Counterparty credit risk, collateral and funding.* UK: Wiley.

Burgard, C., & Kjaer, M. (2013, December). *Funding strategies, funding costs,* Risk.

Burgard, C., &Kjaer, M. (2012). *A generalized CVA with funding and collateral.* Working Paper.

Carver, L. (2012). Capital or P&L? Deutsche Bank losses highlight CVA trade-off. *Risk.net.* Retrived from October 2013.

Collin-Dufresne, P., & Solnik, B. (2001). On the term structure of default premia in the swap and LIBOR markets. *Journal of Finance, 56.*

Collin-Dufresne, P., Goldstein, R., & Martin, J. (2001). The determinants of credit spread changes. *Journal of Finance, 56.*

Cox, J., Ingersoll, J., & Ross, S. (1981). The relation between forward prices and futures prices. *Journal of Financial Economics, 9.*

Crepey, S., Albanese, C., & Caenazzo, S. (2016). Capital valuation adjustment and funding valuation adjustment. *ASQF Conference,* June 2016.

Duffie, D., & Singleton, K. (1997). An econometric model of the term structure of interest-rate swap yields. *Journal of Finance, 52.*

Edwards, F. (1995). Derivatives can be hazardous to your health: The case of Metallgesellschaft. *Derivatives Quarterly, 1*(3, Spring).

European Banking Agency (EBA). (2015, February). *Report on Credit Valuation Adjustment (CVA) under Article 456 (2) of Regulation (EU) 575/2013.*

Felson, D., Kelly, R., & Wiemert, A. (2004). *Metallgesellschaft. AG: A case study.* Illinois Institute of Technology.

Financial Times. (2015, December 10). *CME losing ground to LCH. Clearnet in swaps clearing battle,* by Joe Rennison.

Fleming, M., & Schmidt, A. (2014). The failure resolution of Lehman brothers. *Federal Reserve Bank of New York Review,* December 2010.

Frankel, A., & Palmer, D. (1996, August). *The case of Metallgesellschaft.* BoG of the Federal Reserve (Discussion Paper No 560).

FSB. (2015). *Sixth progress report on the implementation of the G-20 data gaps initiative.* Prepared by the Staff of the IMF and the FSB Secretariat.

FSB. (2015, October). *Reporting financial transactions to trade repositories in the Americas.*

Fuji, M., & Takahashi, A. (2011, January). *Choice of collateral currency. Risk, 24.*

Gordy, M., & Marrone, J. (2010, June). *Granularity adjustments for mark-to-market credit risk models.* Washington, DC: Federal Reserve Board.

Green, A., & Kenyon, C. (2016, March). Accounting for KVA under IFRS 13. *Risk.*

Green, A., Kenyon, C., & Dennis, C. (2014, December). KVA: Capital valuation adjustment. *Risk.*

Gregory, J. (2012). *Counterparty credit risk and credit value adjustment,: A continuing challenge for global financial markets.* UK: Wiley.

Gregory, J., & German, I. (2012). *Closing out DVA.* Working Paper.

Grinblatt, M. (1995). *An analytic solution for interest-rate swap spreads.* Yale University Working Paper.

Heath, D., Jarrow, R., and Morton, A. (1992). *Bond Pricing and the Term Structure of Interest Rates, Econometrica, 60(1),* January 1992.

Hull, J. (2010, April). *OTC derivatives and central clearing: Can all transactions be cleared?* Working Paper.

Hull, J., Sokol, A., & White, A. (2014, June). *Modeling the short rate: the real and risk-neutral worlds.* Rotman School of Management, WP 2403067.

Infante, S. (2015, March). *Liquidity windfalls: The consequences of repo Rehypothecation.* Washington, DC: Federal Reserve Board.

ISDA. (2012, November). *Initial margin for non-centrally cleared swaps, understanding the systemic implications.*

ISDA. (2016, April 18). *Margin requirements for uncleared swaps—comparative chart.*

Kenyon, C., & Green, A. (2015). *Warehousing credit (CVA) risk, capital (KVA), and tax (TVA) consequences.* Working Paper.

Laughton, S., & Vaisbrot, A. (2012, September). In defense of FVA: A response to Hull and White. *Risk, 8.*

Maurin, V. (2014, March). *Re-using the collateral of others, a general equilibrium model of Rehypothecation.* European University Institute.

McDonald, R., & Paulson, A. (2014, October). *AIG in hindsight.* Federal Bank of Chicago WP 2014–07.

Mello, A., & Parsons, J. (1995). Maturity structure of a hedge matters: Lessons from the Metallgesellschaft debacle. *Journal of Applied Corporate Finance, 8(1, Spring).*

Miglietta, A., Picillo, C., & Pietrunti, M. (2015, October). The impact of CCPs' margin policies on repo markets (BIS WP 515).

Morini, M. (2015, February). *XVAs: Funding, credit, debit & capital in pricing.*

O'Kane, D. (2013). *Optimizing the compression cycle: Algorithms for multilateral netting in OTC derivatives markets.* Working Paper.

O'Kane, D., & Schlogl, L. (2001, February). *Modeling credit: Theory and practice.* Analytical Research Series. Lehman Brothers.

Pallavicini, A., Perini, D., & Brigo, D. (2011, December). *FVA: A consistent framework including CVA, DVA, collateral netting rules and re-hyphecation.*

Piterbarg, V. (2012a, July). Stuck with collateral. *Risk, 26*(11).

Piterbarg, V. (2012b, October). Cooking with collateral. *Risk, 8.*

Pykhtin, M. & Sokol, A. (2012). *Modeling credit exposure to systematically important counterparties.* Risk Minds Conference Amsterdam, December 2012.

Pykhtin, M. (2012). General wrong-way risk and stress calibration of exposure. *Financial Analysts Journal,* January 2016.

Pykhtin, M. (2012, July). Model foundations of the Basel III CVA standardized CVA charge. *Risk.*

Pykhtin, M., & Rosen D. (2010, October). *Pricing counterparty risk at trade level and CVA allocations.* Washington, DC: Federal Reserve Board.

Pykhtin, M., & Sokol, A. (2013). Systemic wrong-way risk. In F. Galizia (Ed.). *Managing systemic exposure.* London: Risk Books.

Pykhtin, M., & Zhu, S. (2006). Measuring counterparty credit risk for trading products under Basle II. In *Basel handbook,* 2nd ed. London: Risk Books.

Pykhtin, M., & Zhu, S. (2007, July/August). *A guide to modeling counterparty credit risk.* Global Association of Risk Professionals.

Risk. (2016). *Interview with Benoît Cœuré, member of the executive board of the ECB and chairman of the committee on payments and market infrastructures (CPMI).*

Singh, M. (2010). *Collateral netting and systemic risk in the OTC derivatives market.* IMF Working Paper WP/10/99.

Singh, M. (2013, January). *The changing collateral space.* IMF WP/13/25.

Singh, M. (2015, February). *Understanding the role of collateral in financial markets.* Brookings Institution.

Steigerwald, R., & DeCarlo, D. (2014). *Resolving CCPs after Dodd-Frank: Are CCPs eligible for `Orderly Liquidation'?* WP Fed. Res. Bank of Chicago.

Tucker, P. (2014). *Regulatory reform, stability, and central banking.* Hutchins Center on Fiscal and Monetary Policy at Brookings Institution.

Zhu, H. (2012). *Finding a good price in opaque over-the-counter markets.* Review of Financial Studies.